心理療法・カウンセリングに生かす認知療法

統合的認知療法の実際

東　斉彰
Azuma Nariaki

誠信書房

推薦のことば

　東斉彰氏は，かねてから統合的な視点から心理的アプローチに取り組むことの大切さを訴えてこられています。そうした考えが一冊の書籍としてまとめられたことは，これからのわが国の心理的アプローチの発展にとって大きな意味があると考えています。本書は，認知療法を基本的な軸として統合的アプローチについての考察を深めた内容になっていますが，これはじつに理にかなっています。

　認知療法，認知行動療法は，認知に焦点を当てて面接を進めていきます。認知というのは，私たち誰もが行っているこころの情報処理システムです。通常は意識しないで，たとえてみれば自動運転で日々の出来事に対処している私たちのこころが，何かのきっかけでうまく働かなくなったときに，その処理スピードを遅くして手動運転に切りかえ，目の前の問題に対処するという，ごく当たり前の力を取り戻し，さらには育てていくところに認知療法，認知行動療法の真骨頂があります。

　このように情報処理のプロセスに焦点を当てるというのは，すべての心理的アプローチに共通しているメカニズムでもあります。たとえば精神分析療法のように無意識を想定するにしても，行動療法のようにブラックボックスを想定するにしても，いずれもこころの情報処理プロセスを扱っているという点では変わりがありません。ただ，認知行動療法はその点を明確に特徴としてうたっている点で，特異的なのだと私は考えています。だからこそ認知療法が統合的アプローチの基本軸になり得るのだと思います。

　東斉彰氏は，その点を踏まえた上で，多くの主要な心理的アプローチを統合的に実践するという視点から，丁寧に論考を重ねていらっしゃいます。その内容は，先生の深い学術的知識と多様な臨床実践の経験をもとにしたもので，臨床家にとって役に立つものになっています。ぜひ多くの方に繰り返し読んでいただいて，日々の臨床に生かしていただきたいと考えます。

2020 年 1 月

　　　　　　　　　　　　　　　　　　　　　　　　　大野　裕

はじめに

　日本にアーロン・ベック（Aron Beck）が創始した認知療法が導入されて約30年が経過した。また，そのずっと以前から適用されていた行動療法が認知要因を取り入れて，認知行動療法として適用されるようになって久しい。今や認知行動療法は世界的なグローバルスタンダードとして，心理療法の中で最も汎用される方法となっているし，長らく精神分析やクライエント中心療法が席巻していた日本においても，認知行動療法がそれらにとって代わろうとしている途上であるといっても過言でないであろう。

　本書は，約100年の歴史を持つ心理療法の成長発展を概観しつつ，時代の変化とともにそれらが統合・折衷的方向に向かってきたことを明らかにし，その流れの中で認知療法が生まれ，それが優れて統合的であることを証明することを目論んでいる。心理療法はその性質上，人間の心理状態を対象にし心の苦痛感に対処する援助法であるので，クライエントが文字通り世界を認知するように，心理療法を使用するセラピストも，それぞれの世界観で人間やものごとを見ている。哲学の世界ではそれを認識論や存在論と呼んで人間のあり方を解明しようとするが，それぞれの心理療法の学派はまさにそのような認識論，存在論を背景に持っている。それゆえ，本書では（著者にとっては専門外である）哲学の話題も少々盛り込みながら論を展開していくことになる。「認知」とはものを考えることであるのだから。

　そしてもう一つ，長い心理療法の歴史の中で，日本で用いられてきた方法のほとんどが西洋社会由来のものである。主に中央ヨーロッパ，イギリスとアメリカから輸入されたものと考えてよいだろう。日本の心理療法界はそれらを無批判に導入し適用する傾向があるが，人間の心理や行動には国や地域の影響があるのが自明で，文化差の問題としてとらえられるものである。本書ではそのような比較文化論の観点からも心理療法に言及し，認知療法の日本文化への適合性を考察してみたい。

　我が国で約70年にわたって発展してきた心理療法は，今現在は，世界的な

認知行動療法の趨勢とは少し性質を異にし，精神分析療法やクライエント中心療法，ブリーフセラピーといった単一の学派の方法を標榜するか，現場の臨床場面ではそれらをマイルドに折衷した方法を使っている人が多い。もちろん認知行動療法を標榜するセラピストも増えてきているが，それがすべての心理療法界を席巻することはおそらくないだろう。本書では従来の心理療法学派の方法も尊重しつつ，狭義の認知療法の長所を解説し，「認知に焦点づけて介入する」ことの有効性を提示しようと思う。本書を活用することによって，普段適用している方法を大きく変えることなく，認知への介入のエッセンスを習得し，セラピーの効果を向上させていただければと思う。

目　次

心理療法・カウンセリングに生かす認知療法

―――統合的認知療法の実際―――

序　章　**精神分析，パーソンセンタード・アプローチ，ブリーフセラピーと認知療法**
——他学派にこそ役立つ認知療法

Ⅰ　日本の心理臨床界を席巻しつつある認知療法・認知行動療法

　世界的に見て心理療法が開発され世間に広まったのは，フロイト（Freud, S.）の精神分析療法が端緒といっていいだろう。ちょうど西暦 1900 年前後のことなので，まだその歴史は 120 年ほどということになる。1940 年頃から，精神分析療法に加えて行動療法が，その後それらへのアンチテーゼとしてのクライエント中心療法が創始され，3 大学派としてその勢力を伸ばし，今現在も通用するビッグセオリーとなっている。その他にも各種の心理療法が開発されているが，それらは（システムズアプローチを除いて）3 大療法の発展型といってよいだろう。

　日本での心理療法のはじまりは，1950 年頃にロジャース（Rogers, C. R.）のカウンセリングが導入された時であるといわれている（乾ら，2005）。その後精神科医を中心とする精神分析療法，心理学者および医師による行動療法が適用され，やはり 3 大療法が日本の心理療法・カウンセリングの中心だったといえるだろう。1980 年代ぐらいから家族療法やブリーフセラピー，ナラティブセラピーなどの新しいパラダイムの心理療法が登場しそれなりの盛り上がりを見せたが，やはり前述の 3 大療法が基本線を貫いていたといってよい。

　さて，そこにいきなり登場し急速に勢力を伸ばしているのが認知療法・認知行動療法（以下 CBT）である。筆者の居住域，職域の近畿地区，以前の職域であった広島市内で大規模書店を覗いてみると，心理学のコーナーに「認知行動

療法」とのみ表記札に書かれた棚があったり，「認知行動療法」がメインの棚を席巻し，下方に「認知療法」と書かれた札のコーナーがある場合もある。書籍陳列のプロである書店員もおそらく，認知行動療法が通称であり，なぜか認知療法というタイトルの本もあるので訝しがっているかもしれない。認知療法は認知症の治療の一つであるという誤解まで耳にする。では，CBT（認知行動療法）と認知療法のどちらが「正しい」表記なのか，そもそもそれらはほぼ同じ概念なのか，それとも大きく異なるのか。そういったことも取り上げてみたい。

　さて本書では，このように日本の心臨臨床を席巻しつつあるCBTが，このまま主要な心理療法として定着し他の心理療法を凌駕するのか，はたまた時期を経て衰退するのかという可能性があることも考慮しつつ，逆の発想として，認知療法が従来の心理療法に刺激を与え，それらに認知療法の有効な要因を注入して，より有効な心理療法をユーザーに提供するというやり方を試みたいと考える。

Ⅱ　他学派の臨床家から聞こえてくる声：誤解と反発

　以上のようにCBTが急速に勢力を伸ばしている現在，従来の精神分析やクライエント中心療法，ブリーフセラピーなどの主要な心理療法学派はどのような反応を示しているだろうか。日本の心理療法は医師が中心に導入し，その後心理療法家も参入し発展してきた精神分析療法（正統な精神分析療法に準ずるものとしての精神分析的心理療法）と，心理療法家が中心となって適用されてきたクライエント中心療法は現在も存続し，臨床実践，研究ともに盛んである。1980年代から日本でも適用され出した家族療法・ブリーフセラピーは，その短期性や明確な効果から一時期台頭した感があるが，現在ではその勢力は低下しているといっていいだろう。

　日本の心理療法界は今も単一学派の結束が強く，自学派の中でのみ活動し，他学派とは交流しない風潮がある。アメリカやイギリスでは，1970年代ぐらいから統合・折衷的心理療法が台頭し，学派を越えて対話を続け，複数の学派の理論を統合したり技法を折衷的に適用したりしてきており，より有効な方法を提供しようとする傾向がある。それと比較して，日本の伝統的な学派は独自

の道を歩もうとする唯我独尊の感があるが，それでもやはりCBTの台頭を脅威に感じているところがあるのは随所で感じられる。他学派のCBTへの警戒感の中心はその効果性とエビデンスだろう。アメリカやイギリスの膨大な効果研究と，日本でも近年になって急速に増加してきた同様の研究は，明らかにCBTの有効性を示している。

　もう一つ，他学派のCBTへの複雑な事情がある。それは精神分析やクライエント中心療法を標榜していても，実際の臨床では折衷的に技法を使っているという証拠がある。金沢と岩壁（2007）によると，心理療法を行っている臨床心理士に使用している技法を調査したところ，70%の被調査者が「折衷的に技法を使用している」と答えており，表面的には単一学派を標榜していても，実際の臨床場面では他学派の方法を借用している現状が見て取れるのである。

　また，CBTは表層的な行動や認知を扱うのみで深みに欠ける方法である，という批判がよく耳に入る。古くは精神分析学派からの行動療法への批判として，表層的な行動のみを扱う浅い治療法であるとの見解がCBTでいう認知にも敷衍した形である。前者は深層としての無意識内の力動を扱い，後者は顕在的な行動に焦点づけるということで，常識的な意味で浅い，深いという表現がとられるのだろう。しかし，認知療法を創始したベックはもともと精神分析の訓練を受けており，比較的表層的な自動思考の根底にある信念は，幼少期の親子関係等の体験から固定したものとしている（Beck, 1995）。スキーマ療法を提唱したヤング（Young, J.）は愛着理論等の力動的な観点も踏まえてスキーマという"深い"認知をも対象としていることからも，認知療法が"浅い"方法であるとは一概にいえない。

Ⅲ　他学派でこそ役立ててほしい認知療法の理論と技法

　ここまで見てきたように，日本においては各学派の独自性が強く他学派との対話も少なく，特に精神分析療法やクライエント中心療法のような伝統的な学派は，CBTに対立的な姿勢をとることが多くなっている。一方で，CBTの有効性や使い勝手のよさを理解して，表向きは自学派を標榜しつつ技法としてCBTの方法を借用しているセラピストも多くいるというのが現状であろう。

このような我が国での事情を鑑み，伝統的な学派とCBT（特に認知療法）との橋渡しをしようというのが本書の目的である。

　精神分析療法は無意識的な力動や自我を，クライエント中心療法は現象学的（p129，注12参照）な現れとしての自己を，行動療法は顕在的で環境との機能的な関係を持つ行動を扱うということから，それぞれまったく異なる対象や方法論に見えるのだが，どの治療法も同じ人間を扱うのだからそれらに共通するものがあってしかるべきであろう。その共通要因にはさまざまなものがあるのだろうが，CBTでいうところの認知を各種の心理療法を通底するものとして考え，認知をキーワードとしてさまざまな心理療法を統合的にとらえ，より有効な心理療法を展開していくことができると考える。

Ⅳ　本書の構成

　以上のように，CBTが世界的に主流を占めてグローバルスタンダードな心理療法となり，日本にも導入されて少しずつ浸透し次第に心理療法業界を席巻しつつある現在，従来の伝統的な心理療法がその動向に戸惑いつつもCBTを援用していく可能性を浮かび上がらせた。ここで序章に続く本書の構成を紹介し，統合的認知療法を論じるアジェンダを示しておきたい。

　まず第1章「心理療法の各学派における治療理論」では，従来の我が国で汎用されてきた主要な心理療法学派，すなわち精神分析療法，行動療法，パーソンセンタード・アプローチ，ブリーフセラピーの考え方と方法を概観し，第2章以下で心理療法に認知的要因への介入を加えていくことへの基礎固めをしたい。

　第2章「認知療法は従来の心理療法に活用できるか」では統合的認知療法を紹介する前に，認知療法の基本的な考え方と方法について述べておく。その後で第1章で紹介した4つの学派における認知的要因をあげ，次章から扱う認知的介入への導入を図る。また本書の主張のもう一つのトピックである統合・折衷的心理療法についても概説しておきたい。

　第3章「具体的にどう認知療法を役立てる？」は本書の中心となる章である。まず，日本で行われている傾聴や支持的方法を中心とした「普通の」心理療法を概観してから，そこに認知療法の視点を組み入れてアセスメントを行う

方法を提示する。そして，さまざまな種類の心理療法の介入において認知療法の視点を取り入れる方法について述べ，統合的認知療法を実践的に適用する方法を提示する。またこの章では，認知療法そのものや，従来の心理療法に認知的視点を取り入れることへのさまざまな疑問を取り上げ，それへの回答を提示して，認知に焦点を当てそれを扱うことへの抵抗を減らすよう試みたい。

　第4章「統合的認知療法における治療関係」は，統合的認知療法における治療関係のあり方を論じている。治療関係はどの学派においても重要な必要条件であるといえるが，ここではまず各学派における治療関係のとり方について概観した後，統合的認知療法に特異的な関係性について紹介することで，他学派との共通性と特異性を理解してもらうことを目論んでいる。

　第5章「ケースから学ぶ認知療法の活用」では前章までの考察を踏まえて，事例を通して統合的に認知的要因をとらえて介入する試みを記述している。その際，認知療法を他の各種心理療法の方法の中で統合的に使用するために，不安およびうつ症状，パーソナリティ障害，発達障害の3事例を取り上げて論じている。それぞれ，当該の問題に汎用されると思われる通常的（受容的）カウンセリング，精神分析的ないし力動的心理療法，行動療法をそれぞれ基盤とした面接を行う中で，バランスよく認知的介入を適用する工夫について，詳しく解説していく。

　そして終章「学派の垣根を越えて」では，本書全体で示したように，各心理療法の定型的な形にこだわらずに，その基本をそれることなく認知療法のエッセンスを盛り込んでいく意義について述べる。なにゆえ心理療法の世界には多くの学派が存在するのか，それぞれのセラピストがなぜ異なる方法を使おうとするのかについて考察し，いかに統合的あるいは多元的にものごとを考え，心理療法一般に適用することが必要かを説き起こし，ひいてはクライエントの健康の役に立つことが第一義的であることを結論づけたいと思う。

　本書の最後には付録を添付している。統合的認知療法を学習する際に参考になる書籍の紹介，学会や研究会の情報の提供，心理療法以外の分野の学習の仕方も網羅し，幅広く心理療法を，また人間理解を学ぶ機会を提供している。本書を通読することを通して，さまざまな知識を広く深く学び，よりよい対人援助を行う臨床家になっていただきたいと考えている。

第1章 心理療法の各学派における治療理論
──精神分析，行動療法，パーソンセンタード・アプローチ，ブリーフセラピーを中心に

　この章では，伝統的な心理療法に認知的要因を加味して有効な援助を行うことを目的とした統合的認知療法を説明する前提として，従来からの主要な心理療法である精神分析療法（精神分析的心理療法），行動療法，パーソンセンタード・アプローチ（クライエント中心療法，その他の体験的心理療法：以下PCA），ブリーフセラピーのそれぞれの考え方と方法をまとめて概説しておく。読者の中には，いずれかの治療学派の訓練を受け，その学派の考え方を身につけて「～療法派」と自らをアイデンティファイしている人がほとんどであろうし，「～派」と名乗りながらも，密かに他学派の技法を借用して効果を上げている人もいるだろう。ここでは，精神分析療法，行動療法，PCA，ブリーフセラピーの各学派の考え方と方法を概観する。この章を受けて，第2章のⅡではこれらの学派における認知的要因について論じていく。

Ⅰ　精神分析療法の考え方と方法

　精神分析療法は1900年頃にフロイトが創始した方法で，現代に通用する心理療法としては最初のものである。人間のさまざまな行動の背後には無意識の策動があることを発見し，心理的治療に用いたものとして画期的な方法であるといえるだろう。その理論的，方法論的内容は多岐にわたるものがあるが，ギャバード（Gabbard, 2005）などの見解を中心にまとめると精神分析療法には以下のような特徴がある。

▶ 無意識の力動を見る

　前述のように，意識の領域の他に無意識の力動的作用を想定したことは心理

学的にも意義が大きい。顕在的な症状や問題行動の背後には無意識に潜む自我やエス，超自我の力動的相互作用があり，自由連想や直面化，解釈といった介入によって，それらを意識化させることが治療の一環となる。

▶ 心的構造としてのエス，自我，超自我を想定する

本能的，欲求的なエス，理想や価値，禁止などの働きを持つシステムである超自我，知覚や思考，記憶などの認知機能を司り，エスと超自我との調整をして現実適応を図る自我という3つの審級からなる心的装置を考え，それらの力動的相互関係により心理的現象が生じると考える。

▶ 生育歴を重視する

乳幼児期から思春期ぐらいまでの心理的発達を理論化していることも，精神分析療法の大きな特徴である。精神–性的発達（Freud, S.），社会・文化的発達（Erikson, E. H.），対象関係（Klein, M. など），自己（Kohut, H.）などさまざまな発達の考えがあるが，本書では精神–性的発達ないし自我発達（Freud, A. など）を有効な考え方として多く取り上げる。それぞれの段階ごとに達成すべき心理的課題があり，いずれかの時点で問題を残すと，その後の心理的症状や問題行動に影響すると考える。

▶ 転移（逆転移）を理解する

クライエントが人生初期に体験した養育者への感情や認知，対人関係をセラピストに向けることを重視し，治療的に扱っていく。同じものをセラピストからクライエントに向けた場合は逆転移となる。精神分析療法では，このような治療関係の中で現れてくる転移，逆転移を特に重視する。

▶ 退行，固着点の理解

クライエントの持つ問題は，人生早期のある時点における発達段階上の葛藤状況や外傷の結果によるものであるととらえ，治療セッティング上で問題の生じたであろう状況（固着点）に退行させることで，問題を扱っていく。

▶ 発達レベルを見極める：口唇期，肛門期，エディプス期

前述のように発達段階ごとに通過すべき心理的課題があるが，エディプス期の発達課題を通過しているか否かで，病態水準の重さが大きく異なることが知られている。カーンバーグ（Kernberg, 1976）は精神分析的なパーソナリティ構造を理論化し，神経症的パーソナリティ構造，境界性パーソナリティ構造，

精神病パーソナリティ構造の水準に分類している。発達段階では境界性ないし精神病性パーソナリティ構造が，エディプス期以前の病理性を表すことになる。

▶ **防衛機制のあり方を確認する：抑圧，置き換え，とり入れ，同一化，否認，投影，分裂など**

自我が内的葛藤を調整し，心理的破綻を防ぐためにさまざまなタイプの防衛機制を行う。防衛機制のあり方がそのクライエントの症状，対人関係，面接時の反応などを規定するので，転移と同じくそれらを明確化や解釈によって的確に意識化させる必要がある。

▶ **学派によって：自我機能，対象関係，自己の体験，などを見る**

フロイトの創始以来，精神分析療法にはさまざまな理論的発展がある。多くの精神分析家はいずれかの学派に特化して，その理論や方法論に基づいて治療を行う。一方，さまざまな学派によって焦点づけられるポイントを分類し，それらを統合的に用いてアセスメントや介入を行っていく立場もある（Pine, 1990；Tyson & Tyson, 1990）。パイン（Pine, 1990）によると，それらは欲動（フロイト），自我機能（アンナ・フロイトらの自我心理学），対象関係（クラインらの対象関係論），自己の体験（コフートらの自己心理学）の大きく4種に焦点づけられる。

このように精神分析療法はフロイト以降もさまざまな発展を遂げ，現在の日本では間主観性理論やメンタライゼーションといった新しい概念が議論されている。それらの詳細についての記述は本書の論点を越えているので成書を参考されたい（岡野，1999；丸田，2002；上地，2015）。

Ⅱ 行動療法の考え方と方法

行動療法の基本理論となる学習理論は，1920年代にワトソン（Watson, J. B.）が実験的研究を行って以来，基礎心理学として発展した。1950年代になって精神科医のウォルピ（Wolpe, J.）や心理学者のスキナー（Skinner, B. F.）ラザルス（Lazarus, A. A.）らが，人間の神経症などの精神障害の治療に応用した。主要な心理療法の中では，唯一実験心理学としての基礎理論を背景に持

つ心理療法である。行動療法の考え方と方法の特徴は以下のようにまとめられる。

▶ 個体と環境との機能的随伴性を把握する

個人の反応の前に生起する刺激（先行条件），それに付随する反応（行動，感情，感覚，思考なども含む），その反応の結果生じる環境の変化（結果条件）の機能的関係をとらえ，それを行動と定義する（三項随伴性）。行動療法では，一般に思われている顕在的な（目に見える）行動だけを指して行動と考えているのではないことに注意されたい。

▶ どの反応を何が強化しているか，強化子は何か

ある反応に付随した結果条件がその反応頻度を高めることを強化といい，逆に低めることを弱化という。そのような結果条件のことを強化子と呼ぶ。近年では強化する刺激を好子，弱化する刺激を嫌子と呼ぶこともある（杉山，2005）。どのような反応を，どんな好子，嫌子が強化あるいは弱化しているかを正確に同定することが重要となる。

▶ 標的行動を見極める

治療を行う際に焦点づける標的行動（target behavior）を正確に見極める必要がある。標的行動を見誤ると，先行刺激や強化子との随伴関係を見落とすこととなり，行動変容に至らなくなる。行動論的アセスメントで査定した通りに行動が変容しない時は，新たに標的行動を同定し直したり随伴性を再考する必要が生じる。

▶ アセスメントに応じた介入目標の設定と技法の選択

行動療法では，行動論的分析（上述の随伴性の理解に基づく機能分析）により的確なアセスメントを行い，介入目標を立てて適切な技法を選択して適用する（松見，2007）。そして介入により効果が見られない時にはアセスメントを再度行う。このような，アセスメントから目標設定，技法介入という一連の手続きはケースフォーミュレーションと呼ばれ，現代の認知行動療法においても重視される手続きとなっている。

▶ 仮説検証の重視

行動療法は，基礎心理学である学習理論が理論的基盤にあることから，科学としての心理学がその根底にあり，多くの実験的研究から実証された理論をも

とに仮説を立て（つまり問題をアセスメントし），介入によって検証していくという手続きをとる。自然科学の方法論と同じ仮説検証型の方法論をとるところが，他の主要な心理療法と異なる大きな特徴となっている。

▶ 世代によって…機能的随伴性，認知的要因，マインドフルネスの理解

行動療法の考え方と方法は，時代を経るにつれて発展し，ここまで述べたような機能分析によるものは第一世代，バンデューラらによる認知的要因の導入（Bandurta, 1977）やベックが認知療法を開発したことによるいわゆる認知行動療法の発展が第二世代，近年のマインドフルネスの導入によるマインドフルネス認知療法（Seagal et al., 2001）やアクセプタンス・アンド・コミットメントセラピー（Heyse et al., 2011）等が第三世代と呼ばれる。現在の日本では，機能分析の伝統を守ってスタンダードな行動療法を行う臨床家もいれば，解釈や意味としての認知に焦点づける認知療法家，伝統的な機能分析を理論的根拠としながらもマインドフルネスを中心にニューウェーブの方法を行う臨床家もいて，行動療法も多彩になっている印象がある。

Ⅲ　パーソンセンタード・アプローチの考え方と方法
──クライエント中心療法を中心に

1950 年代にロジャースが非指示的療法（後のクライエント中心療法）を提唱して以来，無意識の力動的体制に焦点づける精神分析療法や顕在的な行動を対象とする行動療法とは異なり，人間全体を扱い経験，自己，価値，実存などを重視する人間性心理学（humanistic psychology）という一つの学派が形成されるようになった。クライエント中心療法をはじめ，ゲシュタルト療法，フォーカシング指向心理療法，実存療法，ロゴセラピーなどがあるが，ここではクライエント中心療法の考え方と方法を中心に解説したい。

▶ 関係を作る

クライエント中心療法は，セラピストとクライエントの関係性を重視する。受容，共感といった治療関係の中で行われる技法（セラピストの態度）が，クライエントの気づきや自己受容を促すことになる。一般的にどの心理療法もセラピーを進める前提として良好な治療関係を築くことが必要とされるが，クラ

イエント中心療法では治療関係そのものがクライエントの変化を促し，人格の変容（Rogers, 1951）をもたらす。

▶クライエントの「力」を信頼する

クライエント中心療法の原点には人間への信頼（横溝，1983）がある。乳児として生まれ成長していく中で，有機体としての人間は，環境からのかかわりの中で自己を育て自己実現に向かっていく。そのような人間の可能性を信頼し，成長していくことに沿っていくことがセラピストには求められる。

▶「評価の源泉」を見極める

人間は幼児期から発達する途上で，多くの人（特に両親）からの評価を得て自己概念を発達させる。共感的に対応されるとやがてそれは内的な自己照合枠となり，それをもとに行動を決定づけられるようになる（Mearns & Thorne, 1988）。クライエントが心理療法の時点において，どこにその源泉を持っているかに焦点づけることが重要となる。

▶体験過程への開かれ方を見る

クライエントはセラピーの中で困りごとや苦痛感などを語るが，セラピストの受容的，共感的な対応の中でさまざまな気づきを体験していく。その際，ただ客観的な情報を述べるだけでなく，自己の体験に近い部分との接触がある方が気づきが深まり，よりよいセラピーが進行することになる。たとえば「仕事に行くと調子が悪くなる」という主訴について，「仕事に行くと頭が痛くなる」→「上司と話すと怖いような不快なような気持ちになる」→「上司に指示を受けながら見つめられると，何か悪いことをして咎められているような気持ちになる」という言動が見られるとすると，後ろの言動に進むほどに自己の体験との接触が強くなり，体験により開かれていることになる。

▶フォーカシングを支援する

ロジャースの学生であったジェンドリンは，もともと哲学の研究者であったが，クライエント中心療法を実践，研究する中で，思考とも感情とも異なる身体感覚に注目した。フェルトセンスと名付けられた身体レベルで生じてくる感覚に焦点を当て，新たな気づきを促したり，問題と適度な距離を置くことで人格の成長や苦痛の軽減に効果を及ぼす体験過程療法を提唱した。ジェンドリン（Gendlin, 1996）は，あらゆる心理療法においてフェルトセンスに焦点づける

ことで治療を促進できると考えて，フォーカシング指向心理療法として心理療法を統合的に見る視点を提供した。

▶ 自己概念の変化を見る

ロジャースの自己理論は比較的シンプルで，人が自分自身をとらえる考え方，感じ方を自己概念とし，それがその人の経験したこととどの程度一致しているかによって，心の健康を考える。心の健康が損なわれているクライエントは，自分への評価と経験が不一致状態にある（たとえば，「自分は何をやってもうまくいかない」という自己概念を持つ人が何かで成功した時に，「たまたまうまくいったのだ。これは誰がやってもうまくいくものだ」と事実を歪めて判断する）。セラピーが進むと，かたくなな自己概念が柔軟で現実に即したものになっていく（先の例の場合，「自分は時と場合によってうまくものごとをこなせたり，こなせなかったりする」という自己概念に変容する）。

▶ クライエントの自己受容の程度

心の健康を損ねているクライエントは，幼少期の体験を通じてありのままの自己を評価せず，受け入れることができなくなっている。セラピーにおいてセラピストがクライエントを受容する（無条件の肯定的関心を向ける）ことで，クライエント自身が自己受容的になっていく。

▶ カウンセラーの自己受容の程度（純粋性）

クライエントに変化を及ぼす前提として，セラピストが自身のありのままを受容する態度を（少なくともクライエントよりは強く）持っている必要がある。カウンセラー自身が，自分への評価（自己概念）と経験が一致していることが必要であり，ロジャースはそれを純粋性と呼んでセラピーの必要十分条件の一つとした（Rogers, 1957）。

Ⅳ ブリーフセラピーの考え方と方法
──ソリューション・フォーカスト・アプローチを中心に

ブリーフセラピーは，1960年代から始まったシステム論やコミュニケーション理論に基づく家族療法の流れ，ミルトン・エリクソン（Erickson, M.）の催眠を使用した心理療法，およびド・シェイザー（De Shazer, S.）らが開発した

ソリューション・フォーカスト・アプローチ等を総称したものである。それぞれの理論的背景は異なるが，短期で効率のよい介入を中心とすることからブリーフセラピーとしてそれまでの心理療法学派とは分類される。ここでは紙数の関係から，ソリューション・フォーカスト・アプローチの考え方と方法を中心に概説したい。

▶ 短期，効果的で，効率のよい介入

基本的にブリーフセラピーでは，数百回に及ぶような精神分析療法や，他の数十回を要する療法とは大きく異なり，短期（4回〜20回程度）で終了する傾向がある。短期（brief），効果的で（effective），効率がよい（efficient）ことがブリーフセラピーでは肝要となる。

▶ 因果論よりも円環論，システムで見る

従来の心理療法は，なんらかの精神病理学的原因と症状などの結果を想定していた（たとえば，精神分析療法の文脈では幼児期の親子関係の葛藤と現在の対人恐怖症状，行動療法の文脈では乗り物内での不安回避条件づけと現在の乗り物恐怖症状，といったもの）。一方システム論やコミュニケーション論では，ある状況や行動が次に続く現象を誘発し，再度もとにあった現象に戻ってきて循環的に問題が持続すると考える。このような円環論的な見方は他の学派とは大きく異なるパラダイムを持つ。

▶ 過去に注目するよりも，現在，未来を強調する

ブリーフセラピーでは，（幼児期の経験や条件づけといった）過去の出来事には注目せず，現在進行中の問題や症状に焦点を当てて介入する。ソリューション・フォーカスト・アプローチでは，ミラクル・クエスチョン[注1]のようなまだ起こっていない未来の出来事を想定して介入する技法もある。

▶ 原因よりも結果，効果を見る

現在の症状や問題の原因のアセスメントは最小限にとどめ，いかにしてそれらを変化させ効果を引き出すかに焦点を当てる。特にソリューション・フォーカスト・アプローチでは，徹底して変化を目指す介入を行う。

注1）まだ起こっていない未来の解決を引き起こす技法。「明日の朝起きたら，今問題となっていることが解決したとします。しかしあなたはそれが解決したということを知らないので，どのようにしてそれが起こったのかはわかりません。さてあなたは，周りのどういうことから解決したことがわかるでしょうか」と問い，答えさせる。

▶ 戦略的であり，さまざまな技法を用いる

ブリーフセラピーに特異的な技法も使用する一方，変化を及ぼすための技法であればどのようなものでも用いる傾向にある。「適切なアセメントに基づいて整合的な技法を用いて変化を促す」というよりも，「変化を促すためにあらゆる技法を用いて介入する」という方向性をとるといってよい。

▶ ものごとをシンプルに見る

人間理解の方法として，必要以上に複雑に考えず，理論，技法，変化の方向性に関してもシンプルに見ていく。いわゆる倹約の原理やオッカムの剃刀[注2]の考え方を踏襲しているといえる。

▶ 積極的に介入する

精神分析のような受け身的な姿勢や，PCA のようなクライエント先導型の方法ではなく，変化を及ぼすためには積極的に技法を用い，うまくいったことに対してはコンプリメント[注3]といった「大げさに褒める」とも思える介入をするというように積極的な介入を目指していく。

本章では，精神分析療法，行動療法，パーソンセンタード・アプローチ，ブリーフセラピーについて，そのエッセンスを概説してきた。いずれかの学派を専門にしている読者は，情報のなさに物足りなかっただろうし，専門でない学派に対しては十分な理解を得られなかったかもしれない。統合的心理療法を標榜するセラピストは，それぞれの学派の理論と方法を何年もかけて学習し研鑽を積むが，日本の教育システムには，残念ながらそのようなシステムはない。これを機会にぜひ，専門外の学派も学習し，幅広い視野を持ってほしい。

次章では，心理療法を統合的にとらえる方法について述べ，認知的要因を従来の心理療法にどのように組み入れていくかを説明していきたい。

注2）倹約の原理，オッカムの剃刀はともに，（理論や方法などの）複雑なことをより簡単な形で示すべきであるという格言である。
注3）クライエントの行動や言動に対して，十分にねぎらい賞賛する一連のセラピストの言葉がけをいう。

認知療法は従来の心理療法に活用
できるか
——「統合的認知療法」という考え方

　第1章では認知療法が登場する以前，あるいは現在も適用されている主要な
心理療法について，それらの基本的な理論と方法について説明してきた。本章
では，統合的認知療法を論じる準備として，まず認知療法の基本的な考え方と
方法について概観していく。なお，ここでは統合的に認知療法を説明するため
の最小限の説明にとどめる。詳細な説明は成書を参照いただきたい（Beck,
1995；大野，1990；井上1992；東，2011など）。

　認知療法を概観した上で，精神分析療法などの他学派の中に含まれている認
知的要因および認知療法との類似性について，さらに多学派の方法に役立つ認
知療法の考え方と方法を説明する。各学派には当然それぞれの理論と方法があ
るのだが，それらに特に援用できる認知療法の方法について述べることで，他
学派のセラピストが認知療法を使うことへの抵抗をなくし，より有効な面接を
提供していく動機づけを高めたいと思う。

　本書で認知療法を統合的にとらえることの背景には，1970年代から欧米で
用いられはじめた統合的，または折衷的心理療法の考え方がある。本章の最後
にある統合的認知療法の概念の説明の前に，心理療法の統合，折衷の方法論に
ついても述べておきたい。統合・折衷的心理療法の適用は日本ではまだ始まっ
たばかりである。読者の中にはまだあまり馴染みのない人もいると想定し，や
や詳しく説明を加えたい。

　そして本章の最後には，統合的認知療法という新しい心理療法を紹介する。
本書は，精神分析療法などの従来の心理療法に認知療法の考え方や技法を応用
し，より有効な心理療法を提供することを目的とするが，もう一つの目的は統
合的認知療法という新しい心理療法の方法論を提供し，さらに心理療法の有効

図1　認知モデル

性を高めようとの意図がある。本章でその基本的な枠組みを把握していただきたい。

Ⓘ　認知療法の基本的な考え方と方法

1．基本的概念——認知モデル

認知療法の基本となる理論あるいはモデルは次のようなものである。人はなんらかの状況に遭遇すると，それに対する考えや視覚的イメージが自然に浮かんでくる。その考えやイメージを自動思考と呼ぶ。そしてその自動思考に付随して感情や行動，身体反応が出現する。図1はこのモデルを図式化したものである。たとえば，この本をあなたが今読んでいると（状況），「なんだかいろいろな治療法が出てきてややこしく，難しそうだなあ」と思うと（自動思考），不安になってきたり（感情），もうあきらめて読み進むのをやめるかもしれない（行動）。このように，人は直面している状況をどのようにとらえるかによって，異なる反応を呈するということである。

2．認知療法の基本的態度

認知行動療法は一般に指示的な方法と見なされている。たしかにそのような面もあるが，他の心理療法と同様に治療関係が非常に重要となる。つまり，クライエント（患者）の話を敬意を持って傾聴し，受容的，共感的態度を持って聴くことである（東，2011）。認知療法では，クライエントとセラピストがチームを形成し，実証的な見地から共同作業を行うことが勧められ，このような態度を共同的経験主義（collaborative empiricism）と呼ぶ。

3．ソクラテス式質問法

　認知療法では質問法に重点を置く特徴がある。ソクラテス式質問法とはセラピストがクライエントに質問する際に，相手に気づかせるように促していく質問の仕方である。たとえば「～はどうですか」，「もし～であればどうなりますか」，「そう思う根拠は何ですか」，「どんな考えが頭に浮かびましたか」，「他の考え方はできませんか」といった質問となる。つまり認知療法では，認知の変容を促すことが目的ではあるが，直接説得したり，無理に納得させたりするのでなく，質問を続けることでクライエント自らが自分の認知に気づき，変容するように促すわけである。

4．認知的アセスメント

　先述の認知モデルに基づいて，事例について認知的な観点からアセスメントを行う。以下に3つの項目に分けて説明する。

1）認知的概念化

　いくつかの異なる状況における自動思考，感情，行動を把握し，そのもとにある媒介信念，中核信念，幼少期の体験を概念化する。その際，認知的概念図という階層表にまとめて記入していく（図2）。主にセラピストが治療を進めていくための指針として作成するが，場合によってはクライエントとも共有し，共同でアセスメント作業をすることもある。認知を体系的に整理し理解できるクライエントや，図表にまとめて視覚的に理解することを好むクライエントには，認知的概念図を共有することが有効となるだろう。

2）自動思考を引き出す質問法

　ある状況に対してクライエントがネガティブな感情を抱いた際に，「その時どんな考えがあなたの頭に浮かびましたか」と問う。この質問法を使用するのは，①セッション中にクライエントの感情変化があった時，②感情の変化を体験した問題状況をクライエントに話してもらう際，③その状況をクライエントにイメージしてもらう，④セラピストとクライエントとでその状況をロールプレイで再現しながら，というバリエーションがある。実際の面接では②のパターンが最もクライエントに理解しやすく，使用することが多くなる。

図2　認知的概念図

3）非機能的思考記録表（Dysfunctional Thought Records：DTR）

　アセスメントのフェイズでは，状況，感情，自動思考を定型の表に書き込む（3コラム法と呼ばれる）。治療介入のフェイズでは，3コラムに続けて，理性的・現実的思考，結果（認知変容後の自動思考の確信度と感情の変化）を記入していく（5コラム法と呼ばれる。図3参照）。認知療法では，アセスメントおよび治療介入の両方のフェイズにおいて，このDTRを使用することが標準的である。単に思考記録表と呼ぶこともある。

5．セッションの進め方と治療介入

1）アジェンダ設定

　認知療法はセッションを構造化することが大きな特徴である。各セッションの最初にアジェンダ（話題，テーマ）を決めて治療を進めていく。アジェンダはクライエントとセラピスト双方が意見を出し合い決定していくが，そうすることで治療へのクライエントの積極的な参加を促すことができ，セッションを終えた後の達成感や充実感を持つことができるという効果がある。

状　況	感　情	自動思考	適応的な反応	結　果
不快な感情を伴う出来事	不安, 悲しみ, 落胆, 怒りなど (強さの%)	思考イメージ (確信度の%)	自動思考に代わる思考やイメージ (確信度の%)	1. 自動思考への確信度(%) 2. 感情の強さ(%)

図３　非機能的思考記録表（DTR）

2）心理教育

　認知療法の理論的根拠と介入法や技法について実例をあげながら説明する。セラピストが一方的に治療を提供するのではなく，治療の仕方をクライエントが理解しながら面接を進めることで，クライエント自らが自身の認知療法家となれるように促していくことが最終的な目標となる。

3）自動思考への介入

　認知的アセスメントにより同定された自動思考を，ソクラテス式質問をすることによって変容に導く。質問の仕方は，「他の見方, 考え方はあるだろうか」，「その自動思考が妥当である根拠はあるか，または自動思考に反する根拠はあるか」，「もし他の人が同じ状況におかれていたら何と言うだろうか」といったことである。またその際，ネガティブな自動思考に含まれる考え方のクセを指摘し，クライエント自らがそれをあてはめることができるように促していく。主な考え方のクセの例を表1にあげておく。先述のDTRを使って，記入しながら自動思考を検討していくとスムーズである。アセスメントで使用した3つのコラムに加え，治療介入の際は5つのコラムを使うことになる。

4）信念の修正

　状況ごとに生じる自動思考の根底にあって，自己, 他者, 世界についての考え方, とらえ方の基本的な枠組みを信念という。最も根底にあるものを中核信

表1　考え方のクセ一覧

1. 全か無か思考：状況を2つの極端なカテゴリーでとらえる。 「完全に成功できなければ，私は失敗者である」
2. 破局視：他の可能性を考慮せず，未来を否定的に予言する。 「今後すべてのことに失敗するだろう」
3. 肯定的側面の否認：肯定的な経験や長所を無視したり割り引く。 「うまくいったのは，単に運がよかっただけだ」
4. 感情的理由づけ：自分がそう〈感じる〉から，それが事実に違いないと思う。 「ほとんどうまくいっているが，どうしても自分はやはりダメだと思う」
5. レッテル貼り：固定的なレッテルを貼る。 「自分はダメだ」，「彼女は完璧だ」
6. 拡大視／縮小視：否定的な側面を重視し，肯定的な側面を軽視する。 「相手が口をつぐんだのは，私を不快に感じたからだ」 「相手がにこやかに接してくれたのは，私に気を遣ってくれたからだ」
7. 心のフィルター：一部の否定的な要素にだけ注目する。 「あの人がこっちを見たのは，自分が変な人物だからだ」
8. 読心術：他者が考えている内容を，自分がわかっていると思いこむ。 「上司はきっと自分のことを，仕事ができないやつだと思っているだろう」
9. 過度の一般化：ある特定の出来事を人生における一般的な特徴と見なす。 「仕事で一度失敗した。だからこれからもずっと失敗する」
10. 個人化（自己関連づけ）：他者の否定的なふるまいを，自分のせいだと思いこむ。 「私がミスをしたから，上司はきげんが悪いのだ」
11. 「べき」思考：自分や他人のふるまいに「べき」「ねばならぬ」を要求する。 「私は常にベストをつくさねばならない」
12. 否定的予測：状況に対して，否定的な側面しか見ない。 「あの人はきっと私を見捨てる」

念（「私は無能である」，「私は誰からも必要とされない」など），それよりも柔軟で，条件つきのものやルールとして表されるものを媒介信念（「いつも完璧でなければならない」，「一生懸命努力しなければ失敗するだろう」など）という。信念の修正は自動思考の修正だけでは改善しない重篤な神経症やパーソナリティ障害のクライエントなどに必要となる。信念は自動思考よりも根底にあり，絶対的かつ強固で，広範に及ぶので（Beck, 1995），それを変容するため

表2　スキーマの領域と早期不適応スキーマ

領域Ⅰ：断絶と拒絶
1．見捨てられ／不安定スキーマ
2．不信／虐待スキーマ
3．情緒的剥奪スキーマ
4．欠陥／恥スキーマ
5．社会的孤立／疎外スキーマ
領域Ⅱ：自律性と行動の損傷
6．依存／無能スキーマ
7．損害や疾病に対する脆弱性スキーマ
8．巻き込まれ／未発達の自己スキーマ
9．失敗スキーマ
領域Ⅲ：制約の欠如
10．権利要求／尊大スキーマ
11．自制と自律の欠如スキーマ
領域Ⅳ：他者への追従
12．服従スキーマ
13．自己犠牲スキーマ
14．評価と承認の希求スキーマ
領域Ⅴ：過剰警戒と抑制
15．否定／悲観スキーマ
16．感情抑制スキーマ
17．厳密な基準／過度の批判スキーマ
18．罰スキーマ

には，まず信念とは何かを心理教育し，自身の信念に気づき，さまざまな技法を使って粘り強く信念を変容していく必要がある。

　ベックの提唱した信念とは別に，ヤングら（Young, et al., 1990）は信念と類似した概念であるスキーマを概念化し，より重篤な精神障害の治療に活用した。幼少期に重要な他者（親やその代理者）との関係の中で生じて固定したもので，5つの領域（断絶と拒絶，自律性と行動の損傷，制約の欠如，他者への追従，過剰警戒と抑制）に分類され，それぞれの領域ごとに2〜5種のスキーマが想定されている（たとえば「断絶と拒絶」の領域における「見捨てられ／不安定スキーマ」など）。スキーマの分類とその内容を表2に示す。

Ⓘ 各学派における認知的要因，または認知療法との類似性

　ここまで述べてきたように，伝統的な心理療法はそれぞれが独自の基礎理論を持つが，それらの中にも認知的な要因がそれぞれに存在する。統合的認知療法の方法論を述べる前提として，第1章で概説した各心理療法の中に見られる認知的要因について論じていく。

1．精神分析療法における認知的要因，および認知療法との類似性

1）ベックの精神分析療法の来歴

　認知療法を発案する前にベックは，対人関係学派の精神分析の訓練を受けている。うつ病の夢分析の研究をしている中で，「うつは攻撃性が内向して自身に向いたものである」との定説の証拠が得られなかったとして精神分析理論に疑問を持ち，無意識よりも浅いレベルにある自動思考がうつ感情を誘発する，とする認知療法の理論を打ち立てている。精神分析療法から認知療法へと転じたとはいえ，初期の訓練はその後の臨床理論や姿勢にも影響しているようで，以下に述べるように認知療法のさまざまな部分に，精神分析療法の理論と方法が潜在している。

2）対人関係学派との関連

　フロイトがその理論体系の基盤としたような生物学的な概念（リビドー，口唇期等の固着点，死の本能など）よりも，対人関係学派では実際の対人関係的な相互交流を中心とする社会，文化的なものを重視する。認知療法も個人と環境との相互作用を考えており，社会関係の中でのものの見方，すなわち認知を中心に人間の行動や感情の発現を説明しようとする。

3）自我心理学との関連

　先述のように，精神分析療法は生物学的な欲動，心的装置としての自我，他者との内的・外的な相互関係を扱う対象関係，体験的側面としての自己，という主として4つの学派に分類される（Pine, 1990）。そのうち，現実への適応機能としての知覚，記憶，思考，判断，推論などの，いわゆる認知機能を司るの

は自我である。認知療法で扱う認知は，このような精神分析療法で概念化される自我機能にあたるものと思われる。認知療法は，このような自我の現実的，適応的な機能を高める試みといってよい。日本で行われている週1回程度の精神分析療法は，毎日分析のような本格的な精神分析ではなく，精神分析的心理療法あるいは力動的心理療法というべきであるし，そのような面接は精神分析というよりも認知療法に近い（大野，2010）。

4）認知療法と精神分析療法の構造性

　精神分析療法がエス，自我，超自我の心理的機能を構造化して考えるのと同様，認知療法も自動思考，埋め合わせ戦略，媒介信念，中核信念，幼少期の体験，と階層化し，認知を構造的にとらえようとする（p20，認知的概念図を参照）。たとえば行動療法は，個人と環境との関係を機能論的にとらえ，クライエント中心療法は自己の現れを現象学的にとらえるとすれば，精神分析療法と認知療法はともに，心理的機能を構造論的にとらえるということになる[注4]。

　以上のように，精神分析療法にはさまざまな認知的要因および認知療法との類似性が見られる。精神分析療法の中での認知をとらえて面接を展開するには，次のようなプロセスが有用となるだろう。すなわち，さまざまな心理的な要因の相互作用をダイナミック（力動的）な関係ととらえ，それらを的確にアセスメントし治療に生かすことになるが，その過程において，対人関係を含む環境，クライエントの考え方（認知），結果として生じる感情や行動との力動的関係，認知の中の各要因（自動思考，信念，スキーマ）の力動的関係，クライエントとセラピストの間で起こる力動的な関係（転移・逆転移関係）を注意深くとらえることが必要となる。

2．行動療法における認知的要因と認知療法との類似性

　先述のように行動療法は，その創始の時点での見解から時代的変化を経て第1，第2，第3世代と発展してきている。第1世代の行動療法は，心的内容は

注4）ここではさしあたり，心理的なものに関係する2つ以上のものごとが相互に関係し合っていると考えるのが機能論的，心理的な出来事が現れてくるのをそのままとらえるのが現象学的，心理的な内容が構成されているものとして心を想定するのが構造論的な見方と簡単に定義しておく。

ブラックボックス化して，先行条件（刺激），反応，結果条件（反応による環境の変化）の3項の随伴関係から行動を規定していた。第2世代に入ると，反応の内容を考慮するようになった。基礎的な学習心理学の実験的研究においても，トールマン（Tolman, 1932）が被験体（ラット）が迷路の学習において認知地図（cognitive map）をもとに目的的行動をとるといった見解や，臨床的行動心理学の観点からもコーテラ（Cautera, 1970）が嫌悪条件づけ[注5]による治療において認知的要因を見出している。

　少し時期をおいて，基礎心理学の分野からバンデューラ（Bandura, 1977）が社会的学習理論を提唱し，刺激と反応の間に注意，保持，運動再生，動機づけといった認知過程を想定した。このように学習理論とその実践的応用である行動療法の発展の中で，環境からの刺激と生体の反応の機能的関係を重視する立場から，次第に刺激と環境の間の媒介要因として，認知の内容を想定するように発展してきたという流れがある。

　ここまで述べてきたように，行動療法では刺激，反応，結果の3項随伴性のうち，反応を認知としてとらえる。つまり，個体と環境との機能的関係として認知をとらえるわけである。一方，ベックの開発した認知療法では認知を内容を伴ったもの，つまり知覚，推論，イメージ，解釈などを行う主体としてとらえるのである。認知療法では行動的技法（たとえばエクスポージャーや行動実験）を使用することがあるが，それは機能分析に基づいて行動変容を促すのではなく，あくまでも認知変容を行う手段としてのものである。

　現代の認知行動療法は，一般的には第2世代の行動療法（つまり認知的要因の重視）の理論と方法を持つとされているが，ベックの認知療法とは厳密に区別するべきであると筆者は考える。その上で，第1世代の行動療法（機能分析），第3世代の行動療法（マインドフルネス）にも認知的要因を取り入れて，有効な治療を促進させるのが本書の狙いである。

注5）被験体（ここではヒト）にとって快をもたらす刺激（ここでは喫煙）に対して，不快をもたらす刺激（ここでは気分不快をもたらすイメージ）を対提示することによって，快刺激への接近を妨げる（喫煙行動をやめさせる）ような一連の条件づけを指す。

3. パーソンセンタード・アプローチにおける認知的要因と認知療法との類似性

　パーソンセンタード・アプローチ（以下 PCA）では，精神分析療法のような深層心理（無意識）を想定したり，行動療法のような個体と環境の機能的関係を考えるのでもなく，面接を行ってるまさにその時に立ち現れてくるクライエントの言動や行動，態度に焦点を当てる。すでに述べたように，精神分析療法が構造論的見方，行動療法が機能論的見方とすれば，PCA は現象学的見方ということになる（p25, 注4参照）。このような認識論の異なる方法に認知療法との類似性があるだろうか。ここでは主にクライエント中心療法を例にとって考えてみよう。

　類似性の一つは治療関係にあるだろう。先述のように，クライエント中心療法では受容的態度，共感的応答を主体にして，セラピストとクライエントの関係性をもとに面接を展開していく。認知療法は認知の変容や修正をその治療的要因とするが，非特異的要因として良好な治療関係を前提とするとの見解が多い（たとえば Beck, 1979；Freeman, 1989）。初級者向けの認知療法のテキストの中でレドリーらは，その冒頭で治療同盟について述べ，ロジャースの業績を参考にするよう勧めており，共感，純粋性，温かさをあげて，「無条件の肯定的関心という考え方は，一般的には症状に関してクライエントを責めないという認知行動療法家の態度によく合致する」と述べ，共同的経験主義[注6]との類似性についても言及している（Ledley et al, 2005）。

　認知的要因に関しては次のような類似性が考えられる。クライエント中心療法では自分自身の自己像への認知，つまり自己概念と，実際に経験していることの間に矛盾や距離がある状態を自己不一致状態として，心理面接を経過することによってそれらの矛盾が軽減されること，すなわち自己一致に近づくことが治療的目標となる。たとえば，自身に対して「何をしてもうまくいかない」という自己概念を持っているクライエントが，ある出来事をうまくやり遂げた時に，「たまたまうまくいったのだ。もう二度とこんなふうにはいかない」と

注6）認知療法に特異的な関係性で，クライエントとセラピストが共同して問題の解決を図る立場。

か「これは誰がやってもうまくいくのだ。自分がうまくやれたのではない」といったように，現実を歪ませて考えてしまう。これは認知療法でいう「認知の歪み」と類似の概念であるが，この矛盾を軽減させることが，認知療法における認知変容と共通しているといえるだろう。

4．ブリーフセラピーにおける認知的要因と認知療法との類似性

　ブリーフセラピーは，背景にシステム論やコミュニケーション理論を持つので，認知の内容に焦点づける認知療法とは理論的な背景が相当異なるが，それでもいくつかの共通点を持つ。ブリーフセラピーでは，クライエントが呈している行動パターンやものごとのとらえ方（すなわち認知）を，別の枠組みからとらえ直すことを促して問題を変容していく。中心的な技法であるリフレーミングでは，それまでクライエントにとって不適応的であった思考や行動の枠組みを変え，新たな意味を持たせることで行動や状況の変化を促す。例をあげると，洗浄強迫のため頻繁かつ長時間手を洗い続けるクライエントに対して，「食中毒などが流行しているので，菌を消毒して洗い流すために過剰なくらい手を洗うことが必要である。もっと洗浄力を高めるために今までの倍の時間をかけ，普段より殺菌力の高い（つまり高価な）洗剤を使って肘のあたりまで洗うこと」といった指示を与える。このような技法は逆説的であるが，認知療法でいう認知再構成法と形式上は同じである。実際認知療法の技法にも逆説的技法は推奨されている（Freeman, 1989）。

　ブリーフセラピーと認知療法の類似点をあげると，どちらも短期で効率のよい介入と治療効果を目指すこと，セラピストが指示的役割をとり積極的に介入すること，クライエントに役立つならばどのような技法をも採用しようとすることなどであろう。目指す効果の治癒機転は異なるが，セラピストの態度や介入の方法論は類似しているといえるだろう。

Ⅲ　他学派において役立つ認知療法の考え方と方法

　ここまで述べてきたように，認知療法は認知（思考やイメージ）に焦点づけ，自動思考や信念，スキーマとして概念化してその変容を図ることによっ

て，不適応的な感情や行動を修正しようとする。それでは，精神分析療法など
の従来の心理療法を適用する際に，認知療法の考え方や技法が役立つだろう
か。ここでは他学派の心理療法を行う際に，認知的要因に焦点づけたり認知療
法の方法を援用する方策について説明していく。

1．心理的反応としての認知の普遍性

　人間の心理行動の要因には行動，感情，認知，感覚，動機づけ，意図，価値
観などが含まれる。心理療法で特に中心的に扱う要因は行動，感情，認知であ
り，行動療法では行動を，パーソンセンタード・アプローチでは感情や価値観
を，精神分析療法では感情や認知，動機づけなどに焦点づけることになる。し
かし，心理的反応にはその人のもののとらえ方，考え方，世界観が大いに含ま
れるのは自明であるので，このような認知的要因はどの学派の方法にも必ず含
まれる。これはどのような学派の心理療法にも，認知的要因は必ず含まれるこ
とを意味する。

2．認知へのアクセスのしやすさ

　行動や感情，感覚と比べて認知は意識に現れやすく，言語化可能であるの
で，クライエント自身から聴取しやすく，焦点を当てやすい。動機づけや意
図，価値観なども言語化可能だが，それらは端的に表現できるものではない。
一方で，自動思考のような認知は，少し意識化する訓練をすれば比較的容易に
抽出できるだろう。クライエントにとってもセラピストにとっても，認知は最
もアクセスしやすい心理的要因ということができる。

3．他の心理的要因との関係性のとらえやすさ

　認知療法は，思考やイメージといった認知だけに注目するのではない。認知
モデル（p18，図1）において概念化されているように，認知に付随して感情
や行動，身体反応が現れ，常に認知的要因以外の心理的反応も共存している。
それゆえ，他の心理療法で焦点づける感情や行動などの心理的要因が認知とい
う要因にも必ず関係していることになり，やはり認知にアクセスしやすい。た
とえば行動療法において行動を扱っている際に，環境と個人の行動との機能的

関係を分析して介入していく中で，行動に付随する認知を先行条件や行動，あるいは結果条件として扱っていくことも可能である。また精神分析療法で無意識化の葛藤や欲動を明確化したり解釈する場合でも，それらを認知ととらえ，気づきを促すだけでなく，そのまま認知の変容まで導くこともできる。

4．意識化のしやすさ

多くの伝統的な心理療法では，クライエント自身が問題とその対処について意識化することが難しい。精神分析療法は意識化そのものが治癒機転であるし（つまり問題の本質を意識できないことが問題である），行動療法は行動という意識とは別の要因を扱う。クライエント中心療法では自己概念（自身をどうとらえているか）と経験の不一致が問題なので，それを一致に近づけるのに多くの時間が必要となる。認知療法ではまず自動思考を扱うので，少しの訓練期間があれば比較的容易に自身の認知に気づける（最短で初回の面接で気づく）し，いったん認知にアクセスできると，比較的短時間で変容に向かうことができる。認知療法はコモンセンスの治療法である（Beck, 1995）といわれる通り，扱いやすい心理現象（認知）を常識的なやり方で変容するという，クライエントにとってわかりやすい方法なのである。

Ⅳ　心理療法の統合と折衷の方法

ここまで述べてきたように，精神分析療法の創始から行動療法，クライエント中心療法という３大療法を経て，交流分析療法，論理情動行動療法，家族療法，ブリーフ・セラピー，催眠療法に至るまで数多くの心理療法が開発され，それぞれに理論的，方法論的発展を見ている。そしてそれらの療法を適用していく際に，認知にも焦点を当て，認知療法の方法論を援用していく可能性を見てきた。こうした多くの単一の療法とは異なって，さまざまな心理療法を統合的，折衷的に用いようとする方法論が1970年代からアメリカを中心に提唱されるようになった。本稿では，統合的認知療法の概念を述べる準備として，統合的・折衷的心理療法の考え方と方法について概説したい。なお，ここでは後章への導入に必要な最低限の概説にとどめるため，詳細は成書を参考にされた

い（東ら，2014；平木，2010）。

1．統合・折衷的心理療法の成立の経緯

　最初の心理療法統合の動きは1930年代のアメリカに遡る。そこでは，精神分析のある側面が学習理論でいう条件づけの言葉で説明できる，という論議がなされた（Kubie, 1932）。その後ダラードとミラーの論じた，学習理論による防衛機制の説明（Dollard & Miller, 1950）は特に有名である。1950〜60年代には，ガーフィールドやフランクといった共通要因アプローチを論じる見解が多かった（Garfield, 1957；Frank, 1961）が，1970年に入ってワクテルが精神分析と行動療法を理論的に統合することを提唱している（Wachtel, 1977）。また，この時代に，アメリカのセラピストの55％が自らを折衷的（eclectic）と考えている，というデータが提出されている（Garfield & Kurtz, 1977）。1980年代以降は，ベックの認知療法が台頭し，行動療法がそれを取り込み，認知行動療法として一つの方法が形成され始めた。そのことから，認知行動療法と他の学派の統合，折衷が盛んになってきた経緯がある。そして1983年に心理療法統合探求学会（Society for Exploration of Psychotherapy Integration；SEPI）が設立され，加速度的に統合・折衷の動きが増大して現在に至っている。

　このような統合・折衷的心理療法の発展とは別に，従来からの学派の方法の発展版としての治療法も開発されている。例をあげると，行動療法からのアクセプタンス・アンド・コミットメント・セラピー（Hayse, 2011）や弁証法的行動療法（Linehan, 1993），機能分析心理療法（Kolenberg & Tsai, 1991），ゲシュタルト療法などのヒューマニスティック・アプローチからのエモーション・フォーカスト・セラピー（Greenberg et al., 1993），交流分析からのパーソナリティ理論としての人格適応論（Joines & Stewart, 2002）などがその代表といえるだろう。

2．統合・折衷的心理療法の分類
1）理論統合アプローチ

　2つ以上の心理療法を理論的な面から合成し，新しい理論体系を持つ方法を形成するアプローチである。このアプローチでは理論を詳細かつ厳密に分析

し，慎重に組み合わせて新たに理論を構築するために，結果として優れて精緻化されたものとなる傾向がある。統合・折衷の動きが始まった1970年代は精神分析療法と行動療法が心理療法業界をほぼ二分する主流の方法であったので，当初はそれらの統合が主体となっていた（Wachtel, 1977）。その後，他の学派の統合も見られるようになった。以下に理論統合アプローチの主要なものをあげておく。

（a）循環的力動療法 Cyclical Psychodynamic Therapy

ワクテル（Wachtel, 1977）は，クライエントの内的世界を分析，理解し洞察を導くことで，問題の解決や症状の解消を促す精神分析療法と，クライエントの外的世界と行動との関係を調べて行動の修正，変容を図ろうとする行動療法とを統合して治療に生かすことを考えた。そして，"無意識的な考えや傾向と，他者との交流を構成する顕在的な行動とが，ともに共同決定因となるような理論"を，循環的心理力動論と名付けた。精神分析療法でセラピストの解釈により無意識的葛藤や欲動を洞察させることは，行動療法でいうエクスポージャーに該当し，洞察による自己理解が得られた後にも，系統的脱感作法やロールプレイを行って内的な変化をより確かなものにし定着させようとする。ワクテルはまた20年を経て出版した同書の第2版で，妻のエレン・ワクテルと共に，家族療法の考え方も取り入れて，システムの観点からより広く心理療法の統合を論じている（Wachtel, 1997）。

（b）理論横断的統合療法

プロチャスカらは，心理療法のプロセスの実証研究をもとに，意識覚醒，カタルシス，自己の再評価，環境の再評価，自己解放，社会的解放，拮抗条件づけ，刺激のコントロール，随伴性マネジメント，援助関係の10個の変化のプロセスを見出した（Prochaska & DiClemente, 1992）。そして，変化のステージと変化のレベルという2つの軸で統合を考えている。変化のステージは"時間的，動機づけ的な変化の側面"と定義され，熟慮前，熟慮，準備，行為，維持の各段階に分かれる。"熟慮前"はまだ気づきのない状態で無意識とほぼ同じ意味であり，"熟慮"は気づくこと，"準備"は変化することへの準備性，"行為"は自律的な行動，"維持"は病理的反応や防衛機制を使わずに健全な対処をすることである。変化のレベルは，問題の深さを表すとされ，"症状／状

レベル／ステージ	熟慮前	熟慮	準備	行動	維持
症状／状況				行動療法	
非適応的認知	アドラー療法	論理情動療法			
			認知療法	認知行動療法	
対人関係の葛藤	サリバン療法	カップル・コミュニケーション			
			交流分析		
家族システムの葛藤	ストラテジー療法	ボーエン療法	構造派療法		
精神内界の葛藤	精神分析療法	実存療法	ゲシュタルト療法		

図 4　変化のステージ・レベルと治療システムの統合
(Prochaska & Diclemente, 1992, 一部改編)

況 ”，“ 非適応的認知 ”，“ 対人関係の葛藤 ”，“ 家族システムの葛藤 ”，“ 精神内界的葛藤 ” と分類される。プロチャスカらは最初，禁煙やアルコール依存の治療といった健康心理学分野での治療，研究の過程でこのモデルを開発したが，後に心理療法全般についてこのモデルを適用することを試みている。この変化のステージと変化のレベルによる心理療法の統合図表を図 4 に示した。このモデルによると，治療的には症状／状況のレベルから取りかかると変化が起こりやすく，後半に進むほど治療が深くなり複雑になるとされている。

2）技法折衷アプローチ

　このアプローチでは，心理療法各派の理論的背景にはこだわらず，クライエントの問題や状況に応じて適切であると思われる技法を適用していく。理論統合アプローチのように，各心理療法の理論による精神病理や治癒メカニズムを想定することなく治療を進めるため，脈絡がなく行き当たりばったりのアプローチに見られがちであるが，技法折衷アプローチの各方法ごとに綿密で精緻化されたアセスメントを行い，整合的で合理的な技法を適用し面接を進めていくことになる。

　以下にいくつかの技法折衷的アプローチをあげる。

（a）マルチモード療法

　ラザラスが開発した，各心理療法の理論に関係なくクライエントに有効に作

用すると判断される技法は何でも使う（Lazarus, 1989）という，技法折衷ア
プローチを代表するものである。マルチモード療法ではクライエントが抱える
問題を行動（Behavior），感情（Affect），感覚（Sensation），イメージ（Imag-
ery），認知（Cognition），対人関係（Interpersonal relationship），薬物／生物
的問題（Drug/Biology）の7つのモードに分け，それぞれの頭文字をとって
BASIC I. D. と略記して，それぞれのモードについて綿密にアセスメントを行
い，各モードごとに有効な技法を選択し適用する。たとえば行動モードにはエ
クスポージャーや正の強化法，感情モードには不安管理訓練やエンプティー
チェアー法，感覚モードにはバイオフィードバックやフォーカシング，認知
モードには認知修正法や自己教示訓練，といった技法を適用していく。

（b）系統的折衷療法

　ビュートラーらは，クライエントの問題の要因を"問題の強さ"，"複雑さ"，
"抵抗のレベル"，"対処スタイル"に分け，それぞれの要因に応じて技法を適
用する系統的折衷療法を提唱した（Beutler & Consoli, 1992）。問題の強さと
複雑さは，どの症状から取りかかることが有効かを決める目安となる。抵抗の
レベルは，どのぐらいの介入に耐えられるかを予測するのに有用となる。対処
スタイルは，その種類によって情緒的な気づき，行動変化の促進，洞察，認知
的セルフコントロールのどれを促すかを決定する際に考慮される。適用される
技法は，主として症状を改善する方法やソーシャルスキルトレーニング，家族
ネットワークの改善などを目的とした認知的，行動的な技法が多い。

3）共通要因アプローチ

　共通要因アプローチは，異なる学派の治療理論や治癒メカニズム，技法の本
質を明らかにして，どのような学派にも共通する効果要因を検討し，それを適
用しようとするものである。心理療法による治癒メカニズムは，それぞれの学
派に特異的な治癒メカニズムとは一致しないこともあるということである。こ
こではガーフィールドの見解とミラーの方法を提示する。

　ガーフィールド（Garfield, 1980）は，心理療法の効果の比較調査研究およ
び臨床経験から，精神分析療法，行動療法，クライエント中心療法に共通する
治癒要因は，治療者の激励，助言，保証，共感と傾聴，支持と是認，誠実さ等
であることを見出した。また，社会的学習理論を提唱したバンデューラの研究

を引用し（Bandura, 1977），どのような治療学派にもかかわらず，治療の成功により自己効力感（self-efficacy）が増大すると主張し，効果においても共通の要因があることを示した。

ミラーはもともとキム・バーグらと共同で臨床，研究を行ったソリューション・フォーカスト・アプローチを専門とするが，ランバートの治療効果研究（Lambert, 1992）からヒントを得て，「心理療法実践の統一言語」を提唱した。ランバートによると，治療方法のいかんにかかわらず，治療外要因（セッションの間に起こった幸運な出来事，元来のクライエントの健康度の高さ，クライエントを支えてくれる関係者の存在など）が40%，治療関係要因が30%，期待（プラセボ効果）要因が15%，技法要因（すなわち各心理療法学派の特異的な治癒要因）が15%の効果を示すことを見出した。ミラーはこの結果をもとに，治療外要因を中心として4つの治療要因をうまく引き出すことに重点を置くセラピーを行い，効果を上げている（Miller, et al., 1997）。

4）同化的統合アプローチ

セラピストは自らが心理療法の訓練を受ける際に，主として一つの学派を中心に学習，研鑽を積み，それを基本的方法としつつも，臨床実践を重ねる中で必要に応じて他の学派の方法も学び，自分が基盤としている学派の理論，技法に他の学派の理論や技法を取り入れ同化して，より有効に面接を進めようとする。このような統合の仕方を同化的統合アプローチという。実際多くの臨床家は，学生時代や臨床の初期訓練の間には一つの学派の方法を，時には一人の指導者（師匠？）について学び実践につなげるが，臨床経験を積むにつれて，一つの方法だけでは有効に対応できないことに気づき，他の心理療法の方法を取り入れようとすることが多い（平木，2010）。このような実践態度はきわめて現実的，実際的なアプローチのあり方といえよう。

同化的統合の例をいくつかあげると，メッサー（Messer, 1992）は，行動療法へのゲシュタルト療法技法の同化や，心理力動的セラピーへの認知的技法や行動的技法の同化を実践している。ストライカーら（Stricker & Gold, 2005）は，広義の心理力動的セラピーに，認知行動療法，家族システム技法，体験的技法といったアクティブな技法を適用することを提唱している。

日本での心理療法の用い方を見てみると，特に事例検討会や学会での事例研

究発表の場で，「精神分析的心理療法をベースにしているが，外出恐怖症状に対して不安の弱い場所から強い場所に段階的に外出の練習をする課題を勧めた」，「認知行動療法を定型的に進める途中で，幼少期の親との葛藤を再現する際にロールプレイ（実質上のエンプティーチェアー法）を適用した」といったやり方を聞くことが多い（東ら，2014）。このような方法は一つの学派のオリエンテーションを維持しながら，状況に応じて有効と思われる技法も併用するという同化的統合の立場であるといえる。近年の日本心理臨床学会の調査研究においても，使用している心理療法の立場として折衷的方法を用いているという回答が最も多かった（金澤・岩壁，2007）。日本で行われてる心理療法は，セラピストが意識せず同化的統合を方法論として用いているケースが最も多いのではないかと思われる。

3. 現代における統合・折衷的心理療法の状況

　以上のように，1970年頃から始まった心理療法の統合・折衷の流れは現在まで続き，日本には21世紀になってようやく導入された。理論統合のワクテルの紹介（Wachtel, 1997），技法折衷のラザルス（Lazarus, 1989），共通要因アプローチのガーフィールド（Garfield, 1980）などの著書が相次いで邦訳され，日本の著者による書籍も少しずつ増加してきた。アメリカに本部を置く心理療法統合探求学会（SEPI）への日本人の参加や学術発表も，少数ながら散見される。これらの日本での統合・折衷の動きはまだ端緒についたばかりで，これからの発展が望まれる。

　さまざまな心理療法を統合するアプローチとは別に，単一の心理療法学派の発展の中で，その学派に特異的な理論，技法を保持しながらも，どのような学派にも共通するような要因を強調する方法が提唱されてきている。たとえば行動療法の内部からは，アクセプタンス・アンド・コミットメント・セラピー（ACT），弁証法的行動療法（DBT），機能分析心理療法（FAP）などがある。詳細は翻訳書や解説書を参照してほしいが，それぞれが従来の行動療法の理論的基礎（機能分析や随伴性，強化などのメカニズム）を保持しながら，クライエントが現実を見つめ外界の刺激を受容していったり（ACTやDBT），クライエントがセラピストに向ける情動を含んだ関係的行動を扱ったり（FAP）

する。前者はクライエント中心療法を，後者は精神分析療法との共通性が感じられる。

　ジェンドリンが提唱したフォーカシング指向心理療法は，ロジャースの影響のもとで発展した，身体感覚に焦点づけて気づきを促す体験的療法の一つであるが，精神分析療法や認知療法にもフォーカシングの視点を導入することで面接を推進できるとされている（Gendlin, 1996）。最近になって急速に心理療法に導入され，日本でも研修が開始された加速化体験力動療法（AEDP；Fosha, 2008）は，感情理論と愛着理論とをベースにしたもので，その名称の通り体験的方法と力動的方法の統合であるといえる。

　精神分析の分野からは，フォナギー（Fonagy, P.）らによりメンタライジング・アプローチの考えが出てきた。メンタライジングという概念は，「心で心を思うこと」という定義（Allen et al., 2005）に見られるように，クライエントもセラピストも偽りのない心を理解する力を発達させることであり，心理療法全般に通底する治癒メカニズムであると考えられる。実際，上地（2015）は現代の精神分析，クライエント中心療法，認知療法，対人関係療法などにメンタライジング・アプローチの視点を上乗せすることができるとして，メンタライジングが統合的な概念であることを示唆している。

　認知療法の中からは先述のスキーマ療法が提唱されている。いわゆるスキーマは，ベックのいう中核信念，媒介信念とは異なり，パーソナリティの偏りに近い概念として提唱されている。認知構造のより深い部分に焦点が当てられているので，精神分析療法の概念と類似したところが見られる。提唱者のヤングは，スキーマ療法は認知行動療法，アタッチメント理論，ゲシュタルト療法，構成主義，精神分析が統合されたものであると明言しており（Young, et al, 2003），さまざまな学派が統合されたものであることがわかる。

　このように現代の統合・折衷的心理療法は，文字通り統合・折衷的概念と方法を提唱するものから，各学派の中から発展的に出てきた新しい方法という2つの流れがあるようである。いずれにしても心理療法の世界はより多様化，多元化してきているということは確実にいえそうである。

Ⓥ 統合的認知療法という考え方

　第1章で紹介したような伝統的な心理療法は，それぞれの背景となる理論や概念，方法論を持っているが，それぞれの学派にも認知的要因は含まれており，認知療法の方法との類似性については，本章で説明してきた通りである。第2章では心理療法の統合についての動きを概説し，統合・折衷的心理療法の考え方と方法論について述べてきた。現在の心理療法の世界は，単一の学派を標榜するか，統合・折衷的心理療法として使用するかの，2つの方向性があることになる。本書ではこのような動きの第3の極として，単一学派でもなく統合・折衷的心理療法にも与しない方法論を提示したい。つまり，単一の概念でもなくそれらを統合したものでもなく，一つの方法の中の認知的要因に注目し，その局面において認知療法の技法を有効に使用して効果を促進し，またその単一学派の方法に戻る，という経過を繰り返すことになる。本書ではそのような方法論を統合的認知療法として概念化し，その有効的な適用法と意義について提唱したい。

　統合的認知療法の基本的な考え方は以下の通りである。次章以下で詳細に説明するので，ここでは最低限の紹介にとどめておく。

▶ セラピストがよって立つ心理療法学派の方法を基本とする

　認知療法そのものの方法を終始適用しなくてもよい。基本的に自らの学派の方法を一貫して用いながら，アクセスしやすい認知的要因に焦点を当てることの有効性を意識しておく。

▶ 認知的要因に焦点を当てる

　精神分析療法やクライエント中心療法といった他の心理療法を行っていても，クライエントの反応の中に認知的要因が必ず存在する。セラピストは常にそれに注意を向け，タイミングを見計らってクライエントに認知的要因への注意を向けさせ，介入していく。

▶ 認知の変容により，感情や行動が変化することを理解させる

　認知は意識しやすく，それゆえアクセスしやすいので他の要因（感情，行動，感覚，イメージ，無意識的葛藤など）よりもとらえやすい。そして，認知

を変容する，つまりものごとのとらえ方を変えることで，感情や行動が変わることを実感させてその有効性を理解し，認知変容への動機づけを高める。

▶ 今までと異なる考え方を導く

認知的要因に気づかせ，認知変容の有効性を理解させた後に，認知療法の技法に則って介入することで，今までとは異なるとらえ方，すなわち認知の変容を行うことを促していく。

▶ 認知への介入の後，もとの方法に戻る

認知に焦点を当て，クライエントが自らの思考やイメージに気づいたりその変容を促した後で，もとの（無意識や自己，行動，解決志向などを扱う）方法に戻って介入を続ける。

このように，認知療法の基本的方法や面接の展開にこだわらず，セラピストが専門とする心理療法を基本枠として用いながら，多元的な観点から心理療法過程を把握し，適宜認知の要因を扱って効果を上げていくことになる。その際，統合的観点を基本とするので，認知療法で用いるアセスメントや介入技法のみでなく，他の技法を用いることも念頭に置く。クライエントの状況や面接過程によって傾聴や明確化，フォーカシング，解釈，強化，ゲシュタルト技法，解決志向的方向づけなどの技法を用いることになろう。

Ⅵ 他の認知療法の統合的活用の例
——論理情動行動療法と認知分析療法

本書で紹介する統合的認知療法の他に，現在まで認知療法的な考え方を統合的に用いてきた治療法がある。ここではそれらの概念と方法を概観し，統合的認知療法との違いについて明確にしたい。

1. 論理情動行動療法（Rational Emotive Behavior Therapy）

アルバート・エリス（Albert Ellis）が提唱した心理療法で，ベックの認知療法と並んで認知行動療法の源流の一つといわれている（Arkowitz et al., 1989）。脅威を感じる環境内の出来事（Activating event）に対する非合理的

な信念（Belief）がネガティブな感情や行動などの結果（Consequence）を生み，その信念に対して論駁（Dispute）することで治療的効果（Effect）をもたらすと考える。それぞれの頭文字をとって ABCDE 理論と通称される。

エリスは，はじめ自らの方法を論理情動療法（Rational Emotive Therapy）と称していたが，合理性・論理性を強調して論理療法（Rational Therapy）と改名し，最終的に行動的要因も強調して論理情動行動療法（Rational Emotive Behavior Therapy；REBT）と名付けて現在に至っている。一時期ブリーフセラピーの流行を意識したのか，短期論理情動行動療法（Brief Rational Emotive Behavior Therapy）と標榜していた。その後 REBT の理論的中心となる論理性を哲学的認識論の枠組みで発展させた，ロジック・ベースド・セラピー（Cohen, 2013）という哲学的セラピーも誕生している。

２．認知分析療法（Cognitive Analytic Therapy）

ライル（Ryle, A.）が概念化した心理療法であり，精神分析療法と認知療法の統合的心理療法として開発されたものである。精神分析の対象関係理論と認知心理学の統合的方法とされている（Ryle, 2010）。精神分析の視点からは，人生早期の体験と心理的構造には関係性があり，それが現在の心理的な苦悩に関係していることへの理解を図ることを，治療関係を通じて促進していくと想定している。認知心理学の観点からは，非適応的な行動や感情を認知と結びつけていくとしている。他にヴィゴツキー（Vygotsky, L.）やバフチン（Bakhtin, M.）といった発達心理学や哲学，文芸批評の考え方も取り入れており，優れて統合的・折衷的な方法である。その方法は折衷的で，さまざまなモデル化をしたり多方面からの技法を適用していくが，概要は幼少期の体験から形成された不適応的な行動や感情のパターンを理解させ，現在において問題の起こらない行動を促していくということになる。

具体的にどう認知療法を役立てる?
──他学派が活用するにあたっての方法と工夫

　本章では統合的認知療法の基本的概念，方法論を説明していく。第1節では多くの読者が使っているであろう各学派の心理療法，特に「普通の」心理療法に認知療法の視点を取り入れる意義と方法について説明する。続く第2節，第3節では，アセスメント，技法介入のそれぞれのフェイズに認知的技法を有効的に活用する方法について，実際の面接のやりとりを示しながら解説していく。第4節では，各学派や一般的な心理療法への適用の具体例を示し，最後の第5節では，他流派の臨床家から認知療法についてよく質問されることをまとめた。

Ⅰ 「普通の」心理療法の概観

　第1章では精神分析療法，クライエント中心療法を主としたパーソン・センタード・アプローチ，行動療法，ソリューション・フォーカスト・アプローチを中心としたブリーフセラピーの用い方について概説した。それらの心理療法の理論や方法を忠実に守り，面接を展開する心理療法家もいるだろうが，臨床現場で日々実践を行う臨床家は厳密に一つの学派のやり方を進めるよりもより柔軟に，時に2つ以上の学派の技法を混合して用いることもあろう。我が国の現状を見ると，精神分析や行動療法など，いわゆる「〜療法学会」と名乗らない学会（たとえば日本心理臨床学会）や同様の研修会，研究会などでの事例発表を見聞すると，特定の学派に特化されず，さまざまな学派の概念や技法を用いてセラピーを行っていることが多い。ここではそういう例を「普通の」心理療法と呼ぶことにする。それは以下のような方法で面接を進めることになる。

▶ 傾聴を基本的方法とする

どのような学派においても，クライエントの話を真剣に聴き，真正面から反対せず，クライエントを一人の人間として尊重し，受け入れつつ面接を進めることは共通している。クライエント中心療法での方法の中心とされる受容的，共感的態度を否定する治療学派は存在しないだろう。

▶ 探索的な面接により，クライエントの気づきを促す

クライエントの話す事柄をセラピストが受容的，共感的に傾聴していくにつれ，（それが適切な聴き方であれば）クライエントの話は日常的な出来事や主訴，問題などの表面的な内容から，少しずつはっきりと意識していなかった考えや感情へと深まっていき，やがて気づきとなって問題の所在や原因，メカニズムが判明していき，問題解決の方向へと向かっていく。その最終的な結末は，セラピストが準ずる学派によって，無意識の欲求の洞察であったり（精神分析療法），適応的な行動の学習（行動療法），自己や他者の受容（クライエント中心療法），あるいは人生の意味の新しい選択（ナラティブ・セラピー）であったりするだろう。

行動療法を例外とする多くの方法は，自己や世界へのなんらかの気づきをもたらすことが治癒へと向かう道であり，いかにクライエントに気づきを促すかがセラピーの要となる。

▶ さまざまな学派の方法を混合する

臨床現場で日々活動している臨床家は，さまざまなタイプのクライエントに対して，その時々に応じた柔軟な態度で対応している。ひたすら傾聴することで気づきをもたらす場合もあれば，指示的な対応を余儀なくされることもある。内面的な部分に焦点を当てて時間をかけて面接を進めることや，表面に現れる行動に注目して社会適応を目指して介入を続ける必要性もあるだろう。

個人のオフィスである学派に特化された面接を行う場合を除いて，たとえば医療場面でとにかく苦痛な症状を取り除くことを求められる時，学校現場で事件や事故があり緊急支援を要請された時，児童養護施設で問題行動を起こした子どもに対処する際などには，それぞれ時間をかけて傾聴するよりもまず指示的，教育的に関わることが要請されるだろう。逆に，さめざめと嗚咽しながら苦悩を語るクライエントに応対する時，行動療法を行っているセラピストもし

ばらくは受容的に接し，傾聴に徹するだろう。このように心理支援の実践の現場では，自身が標榜している学派の方法では対応しきれず，他の学派の方法，技法を柔軟に使いつつ，よりよい支援を続けることが要請されるのである。

▶ 心理療法的ではない介入も行う

心理療法に典型的で，どのような学派にも共通する介入時のセラピストの態度として，傾聴，中立的態度，クライエントへの敬意の表明，質問や明確化による気づきの促進や，適応的行動・認知の形成などがある。さまざまな構造や機能を持つ臨床現場では，前項で例示したようなさまざまな事態が起こり，臨機応変な対応が必要となる。上で示したいわゆる心理療法的な対応とは別に，心理療法とはいいがたい介入も時に必要となる。たとえば，社会的に逸脱した行動や言動に対して注意したり制止する，時には叱責することもあるだろう。またそのような時は時間をかけてじっくり傾聴するよりも，十分にクライエントの話を聞く前に介入を始めることもありえるだろう。セラピスト自身は心理療法的かかわりをしたくても，他のスタッフとの関係上別の役割をとらざるを得ない時もある。

以上述べたような方法が，実践現場で活動するセラピストが日常的に行っている「普通の」心理療法といえるだろう。もちろん，自学派の方法論に沿って厳密な治療構造をとって臨床を続けるセラピストも存在するだろう。精神分析療法家にそのような例が顕著であると思われる（たとえばセラピストの匿名性や中立性を守ったり，厳格な治療構造の設定をするなど）。厳密な構造のもとで面接などの臨床活動を進めるのは理想ではあるが，人間ひとりひとりは多様な存在であるし，複数の専門家が集まる臨床現場では時宜に応じた柔軟で実用的な対応が望まれる。そこに一つの学派にこだわらない統合的，折衷的な方法論が入り込む余地があるし，前述したように，最もアクセスしやすい認知的要因を有効活用する機会も増すものと考える。

Ⅱ　アセスメントに認知療法の視点を取り入れる

ここでは認知療法以外の各学派のアセスメントの簡単な紹介と，前節で述べ

た「普通の」心理療法における一般的なアセスメントを述べて，それらに認知療法の視点を入れた統合的認知療法のアセスメントを述べていく。伝統的な各学派の方法を用いて面接を行っている臨床家が，自身の方法を尊重しながら認知的要因を無理なく取り入れ，より有効な面接を遂行できるようになればと考える。

1．精神分析療法のアセスメント

　精神分析療法では，診断面接として数回のセッションを行い，精緻なアセスメントを行って当該のクライエントが精神分析療法に適応するかを判断する。普通心理療法を開始するまでのインテーク面接は1〜2回だが，精神分析療法の診断面接は3〜4回に及ぶことがある。主訴や問題歴，家族構成などの一般的な情報を聴取した後，心理力動的アセスメントを行うことになる。クライエントの幼少期の様子，パーソナリティの特徴，力動的な病態水準（神経症，境界性，精神病の各パーソナリティ構造など［Kernberg, 1976］），抵抗の強さ，防衛機制のパターン，対象関係などについて見立てる。

　精神分析療法では，時に心理テスト，特に投影法によるアセスメントが有効となる。ロールシャッハテスト，バウムテスト，HTPテスト，TATなどが精神分析理論との関係で使用されることが多い。診断面接と，クライエントの病態や問題に応じた心理テストを組み合わせ総合的に見ていくことで，より有益なアセスメントを行うことができる。

2．行動療法のアセスメント

　行動療法では，行動理論（正確には学習理論）に基づき，環境刺激とクライエントの反応との機能的関係をアセスメントすることになる。行動論的診断と呼ぶこともある（祐宗，1972）。その手続きはおおむね以下の通りである（松見，2007）。

1）主訴の明確化

　過去ではなく現在に焦点を当て，問題や状況を具体的に記述する。他の心理療法学派とは違い，症状はもちろん問題となる行動や状態などを明確に記述する。たとえば「なんとなく人が怖い」ではなく「職場で複数の人がいる前で，

上司から指示される時に恐怖感が強くなる」といったように具体的に表現する。

2）標的行動の選択と定義

行動療法では変容の対象とする行動を標的行動（target behavior）という。その際治療の目標とする行動を大きな目標，小さな目標など段階に分けて考える。たとえば，パニック障害，乗車恐怖という問題の場合，大きな目標として最終的に特急電車に乗れること，小さな目標としてまず駅まで出向き，少しずつ電車に接近し乗れる距離を増やすといったことである。またこの段階で，行動論的にものごとを見ることをクライエントに伝え心理教育を行う。

3）介入目標の設定

主訴を明確化し，標的行動を選択して行動論的な見方を伝えた後で，具体的な介入目標を設定する。

4）標的行動の機能分析

先行刺激（Antecedent），行動（Behavior），結果（Consequence）の3項随伴性を検討し（それぞれの頭文字をとってABC分析という），ABCの相互関係を分析する。上記の乗車恐怖の例でいうと，駅間が遠く満員の電車内という状況で不安になる（A），電車を降りる（B），安心して不安がなくなる（C），というように機能分析を行う。

5）ケースフォーミュレーション：介入計画の設定

ここまでのアセスメントの過程を踏まえて，実際にどういう順番でどのような技法を用いて介入していくかの計画を立てる。乗車不安の場合，心理的緊張を軽減するために，まずリラックス訓練（自律訓練法や漸進的筋弛緩法など）を行い，次いで段階的に乗車の練習をすることで適応的行動を高めていくことを説明（行動論的心理教育）し，訓練の段階を設定し，その後実際に乗車練習を行っていく，といった計画を設定する。

6）介入計画の実行：仮説検証

ケースフォーミュレーションに基づいて実際に介入計画を実行する。介入に対するクライエントの反応（症状の軽減など）を確認し，十分な効果が出れば終結することになる。効果が芳しくない場合は，標的行動の選択や機能分析，あるいは介入法に問題がなかったかを確認し，再度アセスメントを行うことになる。

3．クライエント中心療法のアセスメント

　クライエント中心療法を主とするパーソンセンタード・アプローチでは，今ここでの感情や思考を扱い，理論よりもその場での介入を重視するため，精神分析療法や行動療法のような理論に基づいた精緻なアセスメントを行うことは，原則としてないといえるだろう。ただし，病院や心理センターなどの組織において，インテーク面接としてクライエントの情報を得る際に，問題歴や病態水準，面接への動機づけなどのアセスメントを行い，その後パーソンセンタードアプローチによる心理療法が行われるということはあるだろう。

4．ブリーフセラピーのアセスメント

　ブリーフセラピーは他の心理療法とはパラダイムが異なり，独特のアセスメントが行われる。ここでは便宜的にソリューション・フォーカスト・アプローチのアセスメントについて簡単に紹介する。ただし，問題の探索よりも解決の方向をはじめから目指すソリューション・フォーカスト・アプローチでは，初回面接からすでに解決に向けての介入が始まることが多く，単独でアセスメントを行うという概念はない。早い時期に介入を行う中で，同時にアセスメントを行うといった方が適切である。

　ソリューション・フォーカスト・アプローチではまず，セラピーに訪れるクライエントの動機づけのタイプを分類する。自ら問題を感じ，それを修正しようとして心理療法に訪れるクライエントは costumer，他者について不満を述べるなど，自らには問題はなく自己変容を求めないクライエントを complainant，自分にも他者にも問題を認めず変容を求めないクライエントを visitor と呼んで，それぞれについて異なる介入法を使用する。

　初回面接では主訴や問題歴を聞くが最小限にとどめて，今現在クライエントにとって，何がどのように問題なのか，これまでに問題解決のためにどのようなことを試してきたか，今最初に取り組むべきことはどのようなことかを問うていく。それによって当該のクライエントにとっての目標を設定していく。このような現実的で達成可能な目標のことを，ウェル・フォームド・ゴール（well-formed-goal）という。そしてウェル・フォームド・ゴールがあるかどう

か，問題がなかったり軽減している時（例外と呼ぶ）が存在したかどうか，明確な未来における問題のない状況（ミラクルと呼ぶ）が思い描けるかどうかでクライエントの解決への方向性を見立て，後の介入法の選択に資することとなる。

　ソリューション・フォーカスト・アプローチではこのように，早い回（場合によっては初回）から解決へ向けての質問を始め，介入していくことになる。アセスメントをしてすぐに技法的介入を始めるイメージといっていいだろう。他のブリーフセラピーでも，システムを変化させるためにアセスメントと技法的介入が連動しており，文字通り短期での変化を目指す。

5.一般的な（普通の）心理療法のアセスメント

　ここまで精神分析療法，行動療法，（パーソンセンタード・アプローチの代表としての）クライエント中心療法，（ブリーフセラピーの代表としての）ソリューション・フォーカスト・セラピー，それぞれのアセスメントの方法を見てきた。では，それらの学派に共通する，または特定の学派に与しないセラピストが臨床の現場で用いている「普通の」心理療法のアセスメントはどのようなものであろうか。以下にその概要を述べる。

1）一般的なクライエントの情報を得る

　主訴，クライエントの年齢・職業・学歴，家族情報，問題歴・現病歴，来所経路などの一般的な情報を得るのは，学派にこだわらず必須であろう。現代社会では学歴や出生地などの個人情報には触れなかったり，今・ここでの現象を大切にするパーソンセンタード・アプローチでは，プライベートな情報や過去の体験を聴かない傾向があるが，これらの来歴を知ることはクライエントの現在の状況に影響を与えた要因を詳細に得られることになり，貴重な情報となる。過度に侵入的にならないよう注意しながら，できるだけ詳細に聴いていくことが必要となるだろう。

2）現在の問題，症状，改善したい点を聴く

　来談までの問題や一般的な情報を聴いた後で，来談した時点での最も気になっている問題や症状（不安，抑うつ，問題行動，身体症状など）を詳しく聞く。多くの学派ではアセスメントの段階ではそれに介入しないが，ソリュー

表3　さまざまな診断基準と精神病理，精神病態水準の関係

伝統的な診断	精神力動的水準(Kernberg)	DSM-5	ICD-10
神経症	神経症パーソナリティ構造	不安障害，強迫性障害など	恐怖症性不安障害，強迫性障害など
境界例	境界性パーソナリティ構造	境界性パーソナリティ障害	情緒不安定パーソナリティ障害境界型
精神病	精神病パーソナリティ構造	統合失調症	統合失調症，統合失調症型障害など
発達障害	自閉症スペクトラム障害，ADHD など	広汎性発達障害，多動性障害など	広汎性発達障害など

ション・フォーカスト・アプローチでは初回面接の時点から解決へ向けての介入（ソリューショントークと呼ばれる）が始まることが多いし，クライエント中心療法では初回面接でクライエントが話したことに受容的，共感的応答をすること自体がセラピーになることになる。一般的な心理療法では，このような現在における問題を聴取することは最も重要な事項である。

　3）精神病理の水準を見立てる

　どのような学派の心理療法でも，クライエントの病態水準，つまり精神病理の重さを確認しておくことは，その後のセラピーの展開上必要であろう。さまざまな学派の臨床家の集まるケース検討会を見ていると，伝統的な精神医学的診断から現代の DSM，ICD の診断基準に準じて，①不安障害や強迫性障害などに代表される神経症，②パーソナリティ障害の類型の一つと見なされる境界例，③統合失調症を中心とする精神病，④自閉症スペクトラム障害や注意欠如・多動性障害を含む発達障害の，各精神病理水準に分類し見立てる場合が多い。現代の精神医学的診断には，精神分析療法において自我心理学と対象関係論を統合してパーソナリティ構造論を構築したカーンバーグ（Kernberg, 1976）の考え方が影響していることも加味し，表3に伝統的な診断，精神力動的水準，DSM-5 による診断，ICD-10 による診断の関係を整理した。

　4）セラピーの目標を立てる

　どの学派であれ，アセスメントによって集まった情報をもとに，セラピーの目標を立てることになる。それは以下のようなものであろう。

表4　クライエント情報と認知的要因の照合の例

クライエント情報	認知的要因の例
主訴：やる気が起こらない	「何かしてもうまくいかないと思う」
職業：教育専門職	「この仕事に向いていないと感じている」
学歴：大学文学部卒	「本当は理科系に進みたかった」
家族情報：妻，子ども2人	「家族から疎ましがられていると感じる」
問題歴・現病歴：会社で部署が変わってから意欲が出なくなった	「上司や同僚から，能力がないやつだと思われているだろう」
来所経路：何カ所かの病院を回って，初めてカウンセリングに来た	「どの治療者も自分を治せない。きっと重症だからだ」

- 症状の軽減・消失：現在クライエントを苦しめている症状を和らげることは重要な目標となる。
- 問題となっている行動や感情，状況を変化させる：症状としては定義できないが，クライエントにとって苦痛であったり適応を妨げている行動，感情，状況（社会からの引きこもり，対人関係上のネガティブ感情，葛藤を起こす家族関係など）を変化させる。
- 問題への執着を和らげる：たとえ症状や問題行動が不変でも，それに過度にとらわれたり気にしたりすることなく，現状を受け入れ，症状や問題を持ちつつ日々の生活を送っていける状況を作る。

6．一般的な心理療法のアセスメントへの認知療法の視点の導入

　ここでは，以上述べてきた一般的な心理療法のアセスメントを適用しているセラピストが，普段の方法を大きく変えることなく，認知療法のアセスメントの視点を導入する工夫について5．で述べた概要に対応させて説明する。

1）一般的なクライエントの情報を得る → 一般的な情報の中の認知的要因を抽出する

　通常のクライエント情報を得る中で，認知的概念化（p19-20）の方法を念頭に置きさまざまな情報の中に埋もれている認知的要因に注目し取り出していく。その際，情報を書き留めながら認知的要因を抽出できるような表を作りメモしておくとよい（表4参照）。

2）現在の問題・症状・改善したい点を聴く → クライエントの訴えから認知
　的要因を特定する

　初回または初期の面接で，今現在気になっている問題や症状を聴いていく過
程で，セラピストが依拠する学派の理論に沿って概念化しながら，その中の思
考やイメージを確かめ，クライエントがものごとをどうとらえているかを
チェックしていく。感情や行動，身体感覚などに焦点づけることに加えて，過
去の出来事（精神分析療法），今ここでの体験（ヒューマニスティック・アプ
ローチ）未来への展望（ソリューション・フォーカスト・アプローチ）などの
いずれかに方向性を定めつつ，同時に認知的要因にも注目しモニターしていく
ことも可能である。

　認知は感情や身体感覚，無意識的な力動や行動よりも，クライエント自身の
意識的体験に最も近いところにあるので，クライエント自身も理解しやすい
し，セラピストもそれをとらえやすいだろう。

3）精神病理の水準を見立てる → 認知的概念化の観点から見立てる

　先述の DSM や ICD などの精神医学的診断（p48），および力動的診断（神
経症，境界性，精神病の各パーソナリティ構造）により一般的な精神病理水準
の見立てを行うことに並行して，認知的概念化の観点からの見立てを行う。軽
度の病態水準（主として神経症）では自動思考の把握と変容で症状や問題の軽
減が見込まれるが，重度の病態水準（主としてパーソナリティ障害）では，自
動思考に加えて信念（Beck, 1995）やスキーマ（Young, et. al., 2000）の把握
と変容も必要になる。

4）セラピーの目標を立てる

　認知行動療法では，症状や問題行動の発生メカニズムについて行動論的な機
能分析や認知的概念化によってアセスメントし，介入技法や介入期間などの方
針を立てることをケースフォーミュレーションと呼んでセラピーの重要な指針
とする。

　本書ではこのうち（行動論的アセスメントではなく），認知的概念化のみに
特化するが，上であげた一般的なセラピーの目標である「症状の軽減・消失」，
「内面的な思考や感情，他者との関係性への気づきを促す」，「問題となる行動，
感情，状況の変化」，「問題への執着を和らげる」といった項目の中の認知的要

表5　一般的な精神病理と認知的概念化の関係

認知的概念化の階層	他の心理療法学派
幼少期の体験	精神分析的な過去体験
中核信念・媒介信念	交流分析の脚本
埋め合わせ戦略	防衛機制，交流分析の心理ゲーム
自動思考	（各心理療法に共通）
感情・行動・身体感覚	（各心理療法に共通）

因を見つけて焦点づけていくことになる。

　ここで認知療法のアセスメントと他の心理療法学派との関連を見てみたい。認知的概念図を詳細に見てみると，自動思考の結果として，感情，行動が顕在化し，痛みなどの身体的感覚も現れることがある。埋め合わせ戦略は防衛機制や交流分析でいう心理ゲームに，信念は交流分析でいう脚本に，そして幼少期の体験はそのまま精神分析療法で扱う過去の体験に相応する。表5にそれらの対応関係を示した。なお，交流分析については，紙数の関係で本文では説明していない。

7．統合的認知療法のアセスメント

　ここまで述べてきた認知療法の視点を一般的な心理療法に組み入れることについて，それを統合的認知療法のアセスメントとして概念化し，その構造を図式的にまとめた（表6）。

8．統合的認知療法のアセスメントの実際例

　通常の心理療法のアセスメントに，認知療法のアセスメントの視点を導入する方法（統合的認知療法のアセスメント）を具体的に理解するために，典型的な事例を以下に提示してみたい。なお，ここで提示する事例は，いくつかの事例を組み合わせて，アセスメントの実際を理解しやすいようモデル化したものである。

表6　通常のアセスメントと，統合的認知療法のアセスメントの対応

通常の心理療法アセスメント	認知的観点からのアセスメント
1．一般的なクライエント情報 　　主訴，クライエントの年齢・職業・学歴，家族情報，問題歴・現病歴，来所経路	主訴に含まれる認知，職業や学歴への考え方，家族内での認知，社会的認知
2．問題・症状，改善したい点の聴取 　　不安や問題行動，身体症状を確認，何をどう変えたいのかを聴く	訴えから認知的要因（考え方やイメージ）を抽出する
3．精神病理の水準を見立てる 　　精神医学的診断基準（DSM，ICD），力動的パーソナリティ水準による見立て	認知的概念化（自動思考，信念，スキーマ）による見立て
4．セラピーの目標を立てる 　　症状の軽減・消失，行動・感情・状況の変化，執着を和らげる	目標の中に含まれるものごとのとらえ方，考え方，イメージを抽出する

【アセスメント事例】

　本事例は，対人関係に悩む30歳代の女性（クライエントA）のものである。Aは気むずかしい父親と優しい母親のもとに生まれ，幼少期は過不足なく順調に過ごした。小学校に上がると学力の高さが目立ち始め，高校までは常にトップクラスの成績を維持していた。一方で中学2年生ぐらいからクラスメートとの馴染めなさを意識するようになり，人からどう思われているかを気にするようになって，対人関係を避けるようになった。勉学の努力は続け，友人はほとんどいなかったが成績の高さからクラスメートや教師からは一目おかれる存在であり，不適応に陥ることはなかった。

　ところが，高校3年生となって大学受験を意識するようになってから急に教科書の文字にとらわれるようになり，同じ箇所を何度も読み直したり，すべての文章を暗記しないと気がすまないようになって勉強に時間がかかり，成績も急激に落ちてしまった。登校するのも辛くなり，だんだん学校に行けなくなって，2学期の半ばからは完全に不登校になった。学校側の計らいでなんとか高校は卒業することができたが，受験勉強は滞り従来の成績とはほど遠い大学を受験して合格し，通学するようになった。入学後は他の学生との学力の差が顕著である（自分の方が遙かに勉強ができる）ことと，授業の簡単さに失望し適当に学業をこなして4年で卒業した。

　卒後は企業に契約社員として勤務し，事務業務をしていたが，単純作業であることと周りの仕事へのモチベーションやモラルの低さに失望するようになった。入社して1年たった頃より大学生時には軽減していた確認症状が再燃し，書類の作成に長時間かかるようになり疲労感が増強し，入社2年たったところで退職した。その後は実家にて両親と共に暮らし，3年になる。普段の生活は普通にできているが，就職活動をしたり人に会ったりすることが億劫となり，あまり外出もせず家庭内にて過ごすことが多くなっている。なんとなく不安になったり夜よく眠れない状態が続くため，近医精神科クリニックを受診，軽度のうつ症状と不安，不眠との診断で睡眠導入剤を処方された。1年近く通院しているのだが，状態は変わらず医療専門職の親戚に相談したところ，カウンセリングでの治療を勧められ，筆者の所属する心理療法オフィスに来談した。

【本事例のアセスメント】

　1（a）：クライエントの一般的な情報

主訴：意欲が出ない，不眠

職業：無職（3年前まで事務職・契約社員）

学歴：4年制大学卒

家族情報：父親（元公務員，気むずかしい），母親（主婦，優しい），弟（会社員，行動的で友人も多い），家族全員で同居

　問題歴・現病歴：中2での対人関係での違和感に始まり，高3時に確認強迫症状が始まった。徐々に登校できなくなり3年生の半ばに完全に不登校になった。大学はなんとか卒業したものの，会社員として1年たったころ確認強迫症状が再発，2年で退職となった。その後実家にて暮らすが対人関係少なく億劫さが増し，不眠もあって精神科を受診，軽度のうつ症状と不安を指摘され投薬（抗不安剤，睡眠導入剤）を受けた。

　来所経路：近医精神科クリニックへ1年近く通院したが軽快せず，医療関係者の親戚に相談しカウンセリングによる治療を勧められ，親戚の知人が来所していた当心理療法オフィスに来所した。

　1（b）：クライエントの一般的な情報の中の認知的要因

主訴：「何をやってもうまくいかない」，「眠らなくてはいけないと強く焦る」

職業：「自分の理想とする仕事と，実際の業務がかけ離れている」

学歴：「自分の本当の能力よりも低いレベルの大学に通っていた」

家族情報：「父親は気むずかしく，自分を疎ましく思っている」

問題歴・現病歴：「いろいろなことに失敗してきた」，「自分は社会で適応できない」

来所経路：「誰も自分を助けられない」，「重症なのでもう治らない」

２（ａ）：現在の問題・症状・改善したい点

強迫症状（何でも確認してしまう）を治したい。

何をするのも億劫で，少しでも意欲を持てるようにしたい。

２（ｂ）：現在の問題・症状・改善したい点についての認知的要因

「何でも完璧にしないといけない」，「絶対間違いを起こしてはいけない」，「今まで失敗ばかりしてきた。これからもうまくいかないと思う」，「社会でうまくやっていけない」

３（ａ）：精神病理の水準の見立て

伝統的な精神医学的見立て：強迫神経症，抑うつ神経症

現代的な精神医学的診断（DSM, ICD）：強迫性障害

精神力動的パーソナリティ水準：神経症パーソナリティ構造

３（ｂ）：認知的概念化による精神病理の見立て

中核信念：「私は何をやってもうまくいかない」

媒介信念：「ものごとは完璧にやり遂げるべきだ」，「もし失敗したら私はだめな人間ということだ」

埋め合わせ戦略：「絶対に誤らないよう完璧に調べる」

自動思考：「この書類に間違いがあってはいけない」，「うまくやれないだろうから，すべきことに手がつけられない」

感情・行動：確認行為をする，意欲がなくなる

４（ａ）：セラピーの目標を立てる

①症状の軽減・消失

- 強迫行為を軽減する。
- うつ感情を和らげる。

②思考や感情，対人関係などの気づきを促す

- 確認行為やうつ感情に関係する考え方や感情に気づかせる。
- 現在の対人関係と，幼少期からの親との関係に関連があることを洞察させる。

③行動・感情・状況の変容

- 活動性を高める（少しずつ外出等の行動を増やす）。
- 確認行動に先行する不安を軽減する，失敗不安を和らげる，これから起こることへの心配や不安を減らす。
- 家族関係を検討して理解を深め父親への葛藤を意識化する，積極的な活動ができるよう生活範囲を広げる。

4（b）：認知的観点からのセラピーの目標

①症状の軽減・消失

- 確認行為のもとにある思考（認知）を変容することにより強迫症状を和らげる：（②の思考・感情・対人関係への気づきと同様）。
- うつ気分の際の思考を変容し，抑うつ症状を和らげる：（②の思考・感情・対人関係への気づきと同様）。

②思考や感情，対人関係などの気づきを促す

まだ十分に意識していない思考，感情，対人関係のパターンに気づかせる。認知的概念図にあるように，より表層的レベル（自動思考，感情），中間的なレベル（埋め合わせ戦略や媒介信念，中核信念），最も深層にあるレベル（幼少期の体験）のそれぞれの認知のパターンに気づかせることになる。一般に，不安障害や軽度〜中程度のうつ病のレベルであると，自動思考への気づきと変容により改善することが多いが，パーソナリティ障害のような重篤な病態レベルになると，信念への気づきや変容が必要とされる。本ケースでは，パーソナリティの問題はないと考えられ，自動思考に焦点を当てることで改善が期待できるだろう。認知的観点からは，思考，感情，対人関係について，次のような気づきを促すことが目標となる。

思考：「確かめないととんでもない失敗をする」，「うまくやらないと周りの人に非難される」，「何をやってもうまくいかない」，「今まで失敗ばかりしてきた」などの思考への気づき。

感情：確認症状が出現する前の思考（たとえば「確認しないと大変なことが

起こる」）に後続する不安感情や，否定的思考（たとえば「何をやってもうま
くいかないに違いない」）に続く抑うつ気分への気づき。

　対人関係：ものごとを遂行するのに，他の人よりも確実にゆっくりと行うこ
とになるのでペースが合わない。人といるといつも自分が劣っていると感じ，
自信のないふるまいをする，といった対人関係のとり方への気づき。

　③感情，行動，状況の変容
　　●確認行為をする時やうつ感情が生じる時の自動思考を，現実的・合理的
　　な思考に変容し，ネガティブな感情を軽減させる。

　例1：仕事の書類を作成している時に，文章に誤りがないかが気になり，強
い不安を覚える。そのため，数行書いては前の行に戻り，誤りがないか確認し
てから新たな行を書き始める。これを何度か繰り返すので1ページ書くのに長
時間かかってしまう。不安を覚える際の自動思考は「間違って書類を完成し提
出したら大変なことになる」，「上司から強い叱責を受ける」，「会社に多大な損
害を与えて解雇になる」，「損害に対して多額の弁償を請求される」といったも
のであった。これらの自動思考についての非合理性に気づいて，現実的，合理
的な思考に変容していく必要がある。

　例2：気分がふさいで自宅のソファーに長時間座ったまま，特に何をするで
もなくじっとしている。何かしないといけないとは思っているが，体が動かな
い。このようなうつ気分の時の自動思考は「私の人生は失敗だった」，「これか
らも何をやってもうまくいかないに違いない」といったものであった。このよ
うな思考が現実に即しており合理的なものであるかを検討し，変容していくこ
とが目標となる。

Ⅲ　認知療法の視点を用いた，他学派で使える技法

　前項での一般的なアセスメント，および認知的アセスメントを組み合わせて
有効的に活用した統合的認知療法によるアセスメントを踏まえて，ここでは統
合的認知療法による技法介入の方法を論じていく。まず，認知療法で適用され

表7　アセスメント事例の思考記録表

状　況	感　情（強さの%）	自動思考（確認度の%）	合理的思考（確信度の%）	結　果（①自動思考の確信度%）（②感情の強さ%）
重要な書類を作成する	不安90%	ミスをしないように完璧に作成すべきだ100% 他の人はうまくできるのに，自分は失敗ばかりでだめだ85%	まったくミスをせずに仕事をこなすのは無理だ　50% 他の人も時々ミスをしている，自分だけがだめなわけではない65%	①80%，70% ②65%
家でくつろいでいる時，仕事のことを考える	落ち込み80%不安60%	これから何をやってもうまくやれないに違いない　90% 自分の人生は失敗ばかりだった　85%	うまくいくこともあればいかないこともあるだろう　50% 失敗ばかりだったわけでない成功でも失敗でもないことも多い80%	①60%，50% ②50%，30%

る代表的な介入技法を概観する。その後，各種心理療法の介入技法に関連して，認知的技法を適用する際の工夫について詳述する。

　認知療法の基本的技法は認知的技法，行動的技法，感情的（体験的）技法の３つに大きく分かれる（以下技法名を太字で表す）。

　▶ 認知的技法

　認知的技法のうち最も標準的でかつ多用される技法は，**非機能的思考記録表**（DTR，以降思考記録表とする）を用いた思考変容法であろう。クライエントが考える自動思考をとらえて，その非合理性や考え方のクセ[注7]（東，2011）を確定した後，さまざまな質問（後述）を通して合理的思考を導く。DTRは表7のようなもので，状況・感情（および感情の強さ）・自動思考（および自動思考の確信度）・合理的思考（および合理的思考の確信度）・結果（合理的思考に修正後の自動思考の確信度と感情の強さ）について記録していく。表7では先述のアセスメント事例（p52-56）についての思考記録表を例示している。

注7）考え方のクセ（distortion of cognition）は日本に導入された当初は「認知の歪み」と訳されていたが（Freeman, 1989：遊佐訳），他に「認知のパターン」，「思考のクセ」などの訳がある。本書では「考え方のクセ」で統一している。

考え方のクセへの介入法としては，①他の考え方ができないかを聞く，②自動思考の根拠を問う，③自動思考の結果起こりうる最悪の結果・最良の結果・現実的な結果を順に聞く，④他者の視点で考える，といったものがある（Beck, 1995）。自動思考が非合理的・非現実的でない場合は認知修正する必要はなく，うまく目標を達成するために**問題解決法**を用いる。

状況ごとに生じる自動思考について吟味し，思考の変容を促しても，状況が変わればまた非合理的思考に陥り全体的な認知の変化を及ぼさない場合は，自動思考の根底にある信念に焦点を当て，その変容を目指すことになる。信念への介入技法には，①その信念を保持した場合の**有利な点と不利な点を比べる**，②**絶対的な考え方から相対的な考え方に変更する**，といったものがある。

▶ 行動的技法

ここでいう行動的技法は，行動療法で用いる技法とは異なる。第1章の各学派の概観で述べたように，行動療法では「先行刺激」「反応（行動）」「結果としての環境の変化」の3項の機能関係を分析して，その随伴関係を変化させるような技法を用いて介入する。認知療法では行動そのものを変容するのではなく，行動を通して認知を変容することになる。中心的な行動技法である**行動実験**では，たとえば「朝出勤した時に誰も挨拶してくれない。自分は嫌われている」という自動思考を持つクライエントに対して，「出勤時に相手の顔を見てこちらから挨拶するとどうなるだろうか」という行動実験を課す。この実験の結果，相手から普通に挨拶が返ってくることによって，「嫌われているのではない」という合理的思考に変化するというわけである。同様に，**行動スケジュール法**（予定した行動を行うことによってうつ気分の軽減を体験させる），**段階的エクスポージャー**（不安を感じる場面に段階的に直面することにより，想像していた破滅的事態が生じないという認知を起こさせる）といった技法が使用される。

▶ 感情的（体験的）技法

合理的思考を導く目的で行動に焦点を当てたのと同様に，感情に焦点を当てることによって認知変容を促すこともできる（Thoma & MaKay, 2015）。感情は認知や行動と比べて意識しやすくホットであるのでアクセスしやすいし，感情に焦点づけることで認知を意識しやすくなるという利点がある。

　認知の変容を促すとクライエントはよく，「考えを変えるというのは頭では わかるのですが，どうしてもそのように感じてしまうのです」と表現すること が多い。**思考と感情の対話技法**ではクライエントとセラピストがそれぞれ思 考，感情のいずれかの役割をとって話し合い，次いで役割を入れ替えて対話す る。こうすることで感情で判断している自分の状態を把握し，思考と感情の内 容を明確に対比させ，より合理的な思考に置き換えていくことを促すことがで きる。

　またより深いレベルの認知−感情の問題に触れる時には**幼少期の体験の再構 成**を促す技法を用いる。クライエントのネガティブな感情を同定した上で幼少 期に同様の感情を体験した場面を想起させ，その時に形成された感情や思考を 確かめて変容を促す。その際に**イメージ対話技法**を使うことも多くなる。イ メージ対話技法では，苦痛な認知を伴う場面をイメージし，その中で非合理的 認知や信念を同定しその変容を促す。相当な苦痛を伴う感情を喚起することも 想定して，事前に安全な場所のイメージ（草原でゆったりと横になっている， など）を習得しておき，クライエントがネガティブな感情に圧倒された時に， 安全なイメージを導入するようにする。

Ⅳ　各種心理療法や一般的なカウンセリングに認知療法的技法を使う

　ここでは本書の中心的テーマとなる，認知療法以外の心理療法や一般的な （傾聴を中心的技法とする）カウンセリングを行う際に認知的技法を応用し， セラピーを効果的に促進する方法について論じていく。ここまで基本的な認知 療法の方法論や介入技法について述べてきたが，ここではそのような標準的な 方法や技法をそのまま使う場合と，他の心理療法技法に適合させる形でアレン ジして使用する場合がある。

　認知療法では，アセスメントや面接の構造化，介入技法について比較的厳密 な定型的方法が用いられるので，他学派の方法に習熟したセラピストや，技法 にこだわらず柔軟に心理療法やカウンセリングを行っている人には窮屈に感じ るかもしれない。そのような臨床家に，自らが慣れ親しんだ方法を大きく変え

ることなく，無理なく認知的技法を応用してセラピーを有効に促進する方法を述べることがここでの目的となる。

1．精神分析的心理療法における認知的技法の適用

自身の基本的技法として精神分析的心理療法[注8]を適用している場合に，その基本は崩さずに認知的技法を導入する際には次のようになる。

1）現在の対人関係における葛藤を扱う　→　対人関係での自動思考の指摘と変容，問題解決法の適用

現在の生活の中で生じている対人関係の葛藤（他者への恐れ，非難されているという自動思考，良好な関係を作るスキルの不備など）に対して，自動思考を指摘して思考のクセを同定し，適応的認知を促す。スキルの不備に対しては問題解決法をともに考え実施する。このような現在の対人関係にはエス，自我，超自我がそれぞれ相互作用的に働き力動を形成している。それらの力動的関係を説明して自我の作用としての自動思考を明確にし，その後に合理的思考を形成していくことで自我機能を強化することを説明を交えつつ行っていく。つまりここでは，心の構造の理解とそれらの相互作用の結果としての自動思考の形成を明確化し，それをそのまま変容していくことを意図している。

【面接例】

クライエントの概要：30代の男性。うつ状態で会社を休職している。内向的，抑圧的な性格で，真面目に仕事には取り組むが，正確に仕事を仕上げようとして業務遂行が遅くなる。上司や同僚からネガティブな評価を受けていると思いがちである。8回ほどのセッションを経ており，仕事の場面での葛藤を述べ続けている。これまでの面接で，幼少期から厳しい父親に非難され続けてきて，今も父親に恐怖心を抱いていることがわかっている。

注8）一般的に，正式な精神分析療法は，寝椅子を使用した自由連想法による毎日分析（週5回）を指し，対面式で週1〜4回の面接は精神分析的心理療法ないし力動的心理療法と呼ばれることが多い。本書では正式な精神分析療法ではない後者の方法を，精神分析的心理療法と呼称して用いることとする。

セラピスト（以下 Th）：今までのお話の中で，一生懸命仕事をこなそうとする
　のだが，思ったようにはかどらず上司からも批判されているとおっしゃって
　いましたね。もう少し詳しく話していただけますか。

クライエント（以下 Cl）：ええ。常に気を抜かず一生懸命業務をしているので
　すが，なかなか思うように仕事がはかどりません。

Th：がんばっても思うようにいかないのですね。上司の評価も気にしていまし
　たね。

Cl：はい。特に叱られたりするわけではないのですが，いつも僕のことを気に
　しているように感じるんです。

Th：上司はあなたのことをどう思っていると感じるのですか。

Cl：そうですね……。ときどきこちらをちらちらと見ている気がして……。
　きっと心の中では「あいつは仕事も遅いし，ミスも多くてしょうがないやつ
　だな」と思っていると思います。

Th：いつも上司から非難されていると感じているのですね。そう感じてしまう
　ことに心当たりはありませんか。

Cl：いや，実際にいつも非難していると思いますよ。心当たりですか……。先
　月のことですが，今の仕事の進捗状況を報告した時に，仕事が遅いとか，と
　ころどころ不備があるとかで注意されましたね。だからやっぱりいつも悪く
　思われてるのだと思います。

Th：以前，小さい頃に，お父さんに厳しく育てられたと言っていましたね。上
　司の方も厳しそうな男性なので，お父さんとの関係が影響していいるかもし
　れませんね。

Cl：それは考えたこともなかったですが……。そういえば，年上の男性に対し
　て何か言われるんじゃないかと思うことが多い気がします。

Th：小さい頃にお父さんから厳しく叱責されたことによって，「ちゃんとしな
　いと怒られる」，「いつもちゃんとして失敗しないようにしなくては」という
　思いが根付いたのかもしれませんね。そうやって親から影響されて心の中に
　積もったもの，たとえば「〜しなければいけない」といった考えを心理学で
　は超自我といいます。一方，「〜したい」，「〜がほしい」といった，本当に
　したいことや欲求はエスと呼ばれて，時に無意識の中にしまわれています。そ

して現実の状況や超自我が制限してくることと，本当の欲求であるエスをうまく調整してその状況での行動や考えを作り出すのは自我というものの働きです。

Cl：ああ，心ってそういう働きをしているのですね。わかるような気がします。

Th：あなたが今上司の叱責を恐れていたり否定的に考えているのも，小さい頃に身につけられた自我や超自我の心の働きに影響されているのかもしれません。

　それをもっと確かめて，正当な考え方や感じ方に変えていくことができればもっと楽になると思います。やってみませんか。

Cl：それで今の苦しみから逃れられるのなら，やってみたいです。

Th：わかりました。ではまた戻って，いやな気持ちになる場面について詳しく検討していきましょう。

　このように現在の現実的な対人関係の中で起こっている葛藤を力動的にとらえ，精神分析的な心の構造や機能を時に説明しながら，思考やイメージといった認知面，またそれに関連する感情面に言及し，それらを適切に同定して，認知変容に向けて介入していくことになる。精神分析的なセラピーを志向しているセラピストは，心の構造や機能を力動的にとらえる姿勢は保ったままで，必要と判断する範囲で認知面に目を向ければよい。

2）退行や固着に対応した認知面への指摘

　幼少期の記憶（親からの養育法など）をたどる中で，他者から言われたりされたりしたことへの反応として，「何をしても叱られる」，「何かしてもきっとうまくいかない」といった自動思考が見られたらそれを同定し，その後はその思考の合理性を検討して適応的思考に導く，という通常の認知変容を促すことができる。また「自分はだめな人間だ」とか「人に好かれていない」といった信念が見られたら，心理教育と共にそれらを同定し，**有利な点と不利な点を比べる**，**絶対的な考え方から相対的な考え方に変更する**といった信念への認知的技法や，**幼少期の体験の再構成**，**イメージ対話技法**といった感情的（体験的）技法を使って，信念の変更を試みる。精神分析療法ではこのような幼少時の体験による思考は，それを意識化することにより自我が強化されることが治癒機

転とされてきたが，ここで意識化された思考の変容を図ることで意識化がさらに増強され，ネガティブな感情や症状が改善されることが期待される。

3）転移感情に対する認知的介入

精神分析的心理療法では，クライエントがセラピストに対して抱く感情を転移感情としてとらえ，その解釈を通して洞察を促して意識化させ，治癒機転の大きな要因と見なす。認知療法は心理教育的な要素が強いため転移感情を扱わず，あえていえばポジティブな転移形成のもとにセラピーを進めることが望ましいといえるだろう。しかし，パーソナリティ障害などの情緒的に重篤な病理を持つクライエントは，セラピストにネガティブ（または極端にポジティブ）な転移感情を向けてくることが多い。このような転移に対しては，かつて親などの重要な他者に向けていた感情をセラピストにも向けていることを明確化や解釈によって理解させ，その際の“転移思考”が自動思考になっていることを指摘し，通常の認知変容の技法で介入し，現実的な思考に変容できるように促していく。ここでは，上記と同じクライエントの面接例を通して転移感情が生じている時の認知面への介入について説明する。

【面接例】

Th：それでは今までやったように，仕事の場面での不安について検討していきましょう。前回の面接では，上司に対する恐れが，小さい頃のお父さんから叱られるのはないかといつも不安に思っていたことと関連があるのではないか，ということでしたね。

Cl：そうかもしれません。

Th：では，上司に対して「きっとまた叱られる」という考えは，もっと他の考え方ができるとすればどうなるでしょうか。

Cl：（…沈黙…）

Th：どうされましたか。

Cl：何か……，自分の考えが間違っている？　それで……，うまく言えません。

Th：自分の考えが間違っている，と私に思われたのでないかということですか。

Cl：ええ。

Th：それで，今はどんな気持ちがするのでしょうか。

Cl：気持ちですか？　なんだか不安なような，怖いような……。

Th：自分が間違っていると思われて，それで不安で怖いということ？　私に対してどう思っているのでしょうか？

Cl：なんだか怒られているような，いや怒られるんじゃないかと……。

Th：なるほど。私に怒られると思ったのですね。上司から怒られると思って恐れているのと同じですね。

Cl：ああ，そうですね。同じ思いから来ると思います。

Th：ということは，小さい頃にお父さんから叱られ続けて，また怒られるんじゃないかといつもびくびくしていたことにつながる，ということになりますね。

Cl：そうか……，みんなつながっているのですね。それで先生に対しても怖いと思ってしまうのか……。

Th：どうもそのようですね。小さい頃に染みついた思いが，今ここでも出てきているわけですね。でも私はあなたを叱ろうとはまったく思っていないのですが。

Cl：え，そうなんですか？　僕の思い違いなのか……。

Th：どうもそのようですね。無意識的に思っている考えと，実際とは違うということがわかると思います。そうすれば気分はどうなりますか。

Cl：不安や怖い気持ちは減りますね。なぜかまだもやもやはするのですが。

Th：まだ考え方のクセが残っているのかもしれません。もう少しこのことを検討してみましょうか。

Cl：そうですね。考えていきたいです。

　このように面接中に起こってくるセラピストへの感情を，ネガティブな自動思考に起因する転移感情ととらえて指摘する。直面化や転移解釈にとどまらず，転移感情の中に含まれる認知に焦点を当て，心理教育的にガイドしつつ認知変容への動機づけを促す。そのまま認知に焦点を当て続け，通常の認知療法と同様に面接を進めることもできるし，明確化や直面化，解釈といった方法に戻して，時宜を見て認知面にも気を配ることも可能である。

2．クライエント中心療法における認知的技法の適用

　受容，共感的態度を中心に面接を行うクライエント中心療法おいても，認知的要因を拾い上げ，合理的思考を促す技法を挿入することも可能である。クライエントの語りを傾聴していく中での探索的な面接においては，次の例のように認知的要因に接近していく。

【面接例】

　クライエントの概要：20代の女性。大学を卒業した後アルバイトを続けており，それなりに仕事をこなしている。内向的であるが，職場の同僚とはそつなく会話もでき，少数ながら友人もいて，一緒に旅行したり食事に出かけることができている。周囲からは気づかれないというが，家族や友人と話していても本音で接しているわけではなく，相手に合わせてしまうところがあるという。そのため友人と出かけた後はとても疲れてしまい，すぐに眠り込んでしまうとのことである。特に身体に症状が現れることもなく，強い不安感や抑うつ感も訴えることはないが，常に漠然とした不安と焦燥感，何をするにも意欲がわかず気力が出ない。本当の自分というものがわからず，自身を見つめてみたいということで，民間のカウンセリングルームを訪れた。ここではインテーク面接を終え，3回目のセッションの内容を提示する。

　＊以下，（…）は数秒〜数十秒程度の短い沈黙を，（……）は1分以上の長い沈黙を表す。文末の丸数字は後に注釈をつける。

Th：前回から今日までの様子はいかがですか。（①）

Cl：何回かここで話してきて，何かあまり自分のことがわかってきたようには思えないですね。（①′）

Th：自分のことがわかったように思えない……。（②）

Cl：ええ，いろいろ振り返って考えてはいるのですが。（②′）

Th：今はどんな気持ちですか。（③）

Cl：いや，何も特別な気持ちはないですね。（③′）

Th：一生懸命考えても何も浮かんでこないし何も感じないんですね。（④）

Cl：そうですね。（……）何かもどかしいような。（④'）

Th：もどかしい感じがする。（⑤）

Cl：もどかしいというか，止まってしまったというか……。（⑤'）

Th：考えようとしても，勝手に止まってしまうんですね。（⑥）

Cl：勝手に止まる？（……）止められているのかも。（⑥'）

Th：自ら止まるのではなく，何かに止められているということですか。（⑦）

Cl：止められているので，自分で考えたり動いたりしてはいけないと思っているのかな。（⑦'）

Th：自分から何かをしてはいけないと思っているのですね。「～してはいけない」と考えているから，結局何も感じられなくなる。（⑧）

Cl：ああそうですね。そういうふうに考えることと，感じることを止めてることがつながってきますね。（⑧'）

Th：何かについて考えることが，それによって感じること，また逆に感じないことに結びついているということになりますね。考えることと感じること，両方をとらえていくこともできますね。（⑨）

Cl：そうですね。そうやって分けて考えるとわかりやすいかもしれません。（⑨'）

　ここでは，クライエントの言動に対してセラピストは単純な受容（②）や感情の反射（⑤），明確化（④，⑥，⑦），質問による明確化（③）といったクライエント中心療法に特異的な技法を基本的に用いながらも，クライエントの認知を表す言葉をとらえて焦点づけるかかわりをして（⑧），そこから認知（思考）を扱うことの有効性を心理教育的に促している（⑨）。ここから認知修正法の手続きで進めて合理的認知を形成していくことができるが，あくまでクライエント中心療法の治癒メカニズムに則って自己の感情への気づきを促しながら自己受容や自己一致を促していくことを基本としてよい。ここでは，認知への焦点づけと介入がクライエント中心療法の基本的方向性に加味されて，自己の要素である感情面，認知面の両方への気づきを強く促し，変容へと導くことを強化すると考えられている。

3．ブリーフセラピーにおける認知的技法の適用

ブリーフセラピーでは，他の心理療法と異なり積極的な介入により早期の変化を促す。ここではそのようなブリーフセラピーの特徴を最もよく表す方法であるソリューション・フォーカスト・セラピー（以下 SFT）を用いた例を示したい。

SFT では問題そのものには最小限の言及のみで，それが解決に向かう方向性を強めていく介入を行う。そのため積極的に介入し，質問，賞賛，思考や行動を促進するようなかかわりを多用する。感情よりも思考，行動に焦点づけるところは，認知療法との共通性が高いといえるだろう。

【面接例】

クライエントの概要：40 代の男性。企業でコンピュータ関係の仕事をしている。独身で一人暮らし。幼少時より要領が悪く，対人関係もうまくとれず友人もできにくい。単独での業務が多く仕事はなんとかこなせている。ここ数年なんとなく気分がふさぎ意欲がわかない。自分は変わり者なので，職場の同僚が自分のことを悪く言っているのではないかと気になるという。1 年ほど前に精神科のクリニックを受診，不安障害と言われて抗不安薬を服薬したが，ぼーっとするだけで人が気になる症状は変わらない。医師からカウンセリングを勧められて来所した。ここではインテーク面接の後の初回のセッションを示す。

Th：それでは，今一番気になっていることを教えていただけますか。

Cl：そうですね。やはり職場での周りとの関係がうまくいかないことですね。

Th：具体的にはどのようなことですか。

Cl：話が下手なので，うまく会話が続かないんです。

Th：会話が続かないということですね。相手が誰であってもですか。

Cl：いいえ，人によって違いますね。仲のよい同期の人間はまだましですね。上司とか女の人が，やっぱりうまく話せないです。

Th：わかりました。それで，同期の人とはうまく話せるというのは？（①）

Cl：うまくといっても，同僚が話すのを聞いているだけですが……。僕から話すことはほとんどありません。

Th：上司や女性とも，向こうが話すのを聞くことはできるのですか。（②）

Cl：必要があればそうします。そういえば最近，新人の女性の同僚と話していて，といっても向こうが仕事のやり方を相談してきたのをほとんど聞いていただけですがね。僕の方からは最小限のことしか答えてません。

Th：相手の反応はどうでしたか。

Cl：僕の説明には納得してくれたようです。最後に「○○さん，聞き上手ですね」と言ってました。

Th：それは素晴らしい！　会話には，話し上手と聞き上手がありますよね。話すことよりも聞くことの方が会話には重要であるともいわれています。そういう意味では，あなたは会話が上手だといえるかもしれませんね。（③）

Cl：そうですか？　そんなこと考えたこともありません（笑）。

Th：「自分は会話が下手だ」と思うのと，「聞くことが得意だから会話が下手とは限らない」と思うのとでは，どう違いますか。（④）

Cl：それは後の方が気持ちが楽ですよ。

Th：そうですよね！　会話は下手というわけではないということになりますね。考え方を変えると気分が変わるということです。（⑤）

Cl：たしかにそうですね。とらえ方を変えるといいわけですね。

Th：そうです。ものごとに対するとらえ方や考え方を変えると，気分も変わるということがわかっていただけたかと思います。（⑥）

Cl：それは納得できました。これからも話すよりも聞くことで会話すればよいのですね。

Th：その通りです！　とても前向きな考えですね。ではこれから職場でも聞くことに重点を置いて，会話してみてください。その結果どうなったか，次のセッションの時に教えてくださいね。（⑦）

Cl：わかりました。

　ここではSFTを基本とした面接が展開され，その中に認知的要因への焦点づけと介入が行われている。たとえば，例外探し（①，②），コンプリメント

（③，⑦）を用いて解決の方向（ウェル・フォームド・ゴール）にクライエントを導いており，解決を導く面接パターン（ソリューショントーク）となっている。そして「会話が下手である」というクライエントの考えに対して，セラピストは「聞き上手である」という新しい考え方をとらえて，適応的認知を促し（④），考え方が変わればネガティブな感情も変化するという心理教育（⑤，⑥）を行い，そのまま認知変容と例外の実行を奨励している（⑦）。また，「話し下手」から「聞き上手」への認識の変換は，システムズ・アプローチで用いられるリフレーミングの技法ともなっており（長谷川，1987），ここでも認知療法とブリーフセラピーの類似性が確認できる。

4．一般的な（普通の）心理療法における認知的技法の適用

　ここまで精神分析的心理療法，クライエント中心療法，ブリーフセラピー（主としてソリューション・フォーカスト・セラピー）を基本とした場合の，認知的技法の適用例を示してきた。前述の一般的な（普通の）心理療法の面接にも適用していけるが，その具体的なやりとりの例は第4章で詳しく扱うとして，ここでは各種心理療法および一般的な心理療法において適用可能な認知的介入のさまざまな技法について紹介していく。なお，Ⅲ（p56-59）では認知療法で用いられる通常の技法を紹介したが，ここでは一般的な心理療法で適用できる（本書独自の）認知的技法を解説することになる。

1）認知的心理教育

　認知療法では，面接の初期に認知モデルを提示して，不適応的な感情や行動に認知が影響を及ぼすことを理解させ，認知療法への動機づけを高め，ひいてはセラピーの終了後もクライエントが自分に対して認知療法を行えるように心理教育を行う。他の学派の方法を適用している時にも，クライエントの認知に触れることができれば認知と感情，行動の結びつきを説明し，認知を変更することで感情や行動に影響を及ぼす効果があることを伝えて，心理教育を行うことができる。多くの心理療法では，治療の理論や技法などを教えることは少なく，心理教育を技法として組み込むのは抵抗があるかもしれない。セラピスト自身が用いている学派の方法論や治療態度から大きくそれることなく，受容的な雰囲気を保ち，クライエントの抵抗を呼び起こすことなく提示する工夫が必

要となる。

2）認知的側面への焦点づけ

ふつう心理療法で扱うクライエントの心理的要因は，感情，行動，感覚，意思，動機づけ，認知，イメージなど多くのものがある。それぞれの心理療法学派によって，主に扱う心理的要因は異なっている。たとえば精神分析療法では無意識の葛藤や不安などの力動を扱うが，それは主に感情，動機づけといった要因になるだろう。クライエント中心療法では自己や他者への感情や考えを，ブリーフセラピーでは経験していることへのとらえ方や行動の仕方を中心的な介入の対象にするだろう。それらの要因を各心理療法学派ごとに扱いながら，クライエントが思考を述べたり，対話の中で思考，認知に関連することが出てきた時にそこに焦点づけ，クライエントが認知を明確に理解しやすくする手助けをする。具体的な手続きについては，逐語例をあげた箇所（p63-68）を参照されたい。

3）感情と思考の区別

多くの心理療法では，クライエントの感情に焦点づけ扱うことが多い。特に精神分析療法とクライエント中心療法では感情を扱うことが多くなる。セラピストがクライエントに「どう思いますか」と思考について聞いた時に，「不安になりました」や「腹が立ちました」といったような感情の言葉で答えることがあり，特に日本人の場合はその傾向が強くなる（東，2011）。感情と思考とを明確に区別することで，思考が感情に与える影響を明らかにし，認知変容を行うことの有効性をクライエントが感じるようにすることができる。また，思考と感情を区別することができるようになると，それ以外の行動，感覚，イメージなども分類できるようになり，自らの心理状態を把握し，理解しやすくなって，心理状態を自己コントロールしやすくなると思われる。

4）感情・行動に関連した思考への介入

一般的な心理療法においては，クライエントが語る言葉の中では感情が最も問題となることが多く（「不安だ」，「悲しい」，「困惑する」など），感情に対して反射や明確化，解釈などの介入を行うが，認知療法では非合理的な思考が不適応的な感情や行動に影響すると考える。行動療法やブリーフセラピーでは行動を中心に介入することになるだろう。

　統合的認知療法では，感情，行動，思考のいずれかが時間的に優先するかにはこだわらず，双方が相まって作用して症状や問題が発生すると考える。感情や行動に付随する思考を扱うことが有効と考えられる場合は，思考に焦点を当てて介入することになる。思考に焦点づけた後で，感情や行動に戻って面接を続けていくことも可能である。

5）認知変容への動機づけと励まし

　面接の流れの中で思考（認知）を扱っていく際に，思考に焦点づけることの意味やその有効性を伝えて認知変容への動機づけを高め，その作業を続けていったり，うまく認知をとらえられたりした時の励ましが重要となる。認知的心理教育により，思考を変えることがネガティブな感情や行動の変化につながることを理解してもらうことが前提になるが，それをクライエントが強く望むことができるように促すこと，そしてクライエントが自分の思考をとらえたり感情と区別ができたり，その有効性を実感したりすることにセラピストが注目し，時に賞賛することでその動きを強化する。

6）過去の思考の変容

　認知療法では今現在の思考，または比較的最近の思考を扱い変容に導く。一方，精神分析療法のように，過去に起こった出来事についての思考の場合についても，そこに焦点を当て変容に導くことも可能である。ただし認知療法の発展形であるスキーマ療法（Young et al., 1990）では，過去の出来事を想起して，その時点で形成されたスキーマを同定し扱うことが主体となっている。

7）未来の思考の変容

　過去の思考の変容と同じ意味で，未来の思考を扱うことも可能である。SFTで用いられる介入においては多くの場合，未来における解決をテーマにした話題が用いられる。その際に未来において起こると想定された場面で，どのように状況をとらえるかが語られる際に，そのような思考に焦点を当てることができる。以下に介入例を示す。

【介入例】

　うつ状態を呈する 40 代女性の 3 回目のセッション。

Th：前回の面接で，気分が落ち込む場面について詳しく話し合いました。今ま

でに経験した場面で，うつ気分に陥ったことの他に，これから起こることを想像した時に辛くなると言っていましたね。

Cl：はい。今度中学生の娘の懇談会があるのですが，先生と保護者が集まって1時間ほど話し合うことになっているんです。日が近づくにつれて憂うつな気分になるんです。

Th：もう少しお気持ちを聞かせていただけますか。

Cl：うちの子はおとなしくて，クラスのみんなと気楽に過ごせていないようなんです。他の子どもさんはみんな明るくて，お母さんたちもきっと気さくな人ばかりだと思うんです。懇談会でも皆さん，和気あいあいと話されると思うんですね。

Th：なるほど。他の皆さんは気軽に話し合うだろうと思うんですね。ご自分はどのように過ごすと思われますか。

Cl：ああ，（……沈黙……）皆さんはしゃべっているのに，私だけ黙って下を向いている。

Th：自分だけ黙って下を向いていると。その時に頭の中でどんなことを考えているかわかりますか。

Cl：え？　その時にですか。まだそうなっていないのでわかりません。

Th：たしかに，まだそれは起こっていませんからね。その場面を想像してみて，その時にどう考えているか予想できませんか。（①）

Cl：ああ，想像してみるということですね。（……しばらく考えて……）皆さん気軽にしゃべっているなあ。私はどう言っていいかわからないわ。周りから見ると不審に感じるだろうな。私っていつもこうで，ほんとにうまくやれない……。

Th：みんな気軽にしゃべってるのに，自分だけしゃべれず，うまくやれないと思うのですね。

Cl：そんな感じです。

Th：不安とか落ち込むとかという感情と違い，今言われたのはあなたの考え，つまり思考です。ものごとをどうとらえるかによって，不快な感情が呼び起こされるものです。逆に，その場面でのとらえ方が変わると不快な感情が起こらなくなる，または和らぐものです。たとえばもし仮に，「話せない時もあ

るけど，別の場面では割と話すことができる時もある。それから，他の場面では周りの人も会話がぎこちないこともあったな。いつも自分だけうまくやれないということはない」と考えたとしたら，気分はどうなるでしょうか。

Cl：そう考えたら，それほど落ち込まなくなると思います。

Th：そうですよね！　そうやって考えに焦点を当てて，それをじっくり検討して，可能であればその考えを変更していくこともできると思います。

Cl：そうなればいいですね。やってみたいです。

Th：素晴らしい！　前向きにやってみようと思われたのですね。（②）

　この介入例では，まだ生じていない未来の出来事に目を向けさせ，その場面での思考に焦点を当てて，認知的心理教育を行いつつ認知変容への動機づけを高めている。現在よりも未来の解決に焦点を当てるという点ではSFTに類似しているし，最後のThの介入（②）はSFTのコンプリメント技法と同様である。未来の出来事をイメージしにくいクライエントには想像，予想といった問いかけ（①）をしてイメージを高めるよう促す。

8）より根底にある認知（信念・スキーマ）への気づきと変容

　第3章で述べた精神病理（p48）の点から，神経症レベルや軽症～中等度うつ病のクライエントは自動思考への対応で，また比較的短期間（おおむね10～20セッション）で改善に向かうことが多い。しかし境界例水準やパーソナリティ障害，また中等度～重症うつ病のクライエントの場合，状況ごとの自動思考が変容されても他の状況に陥るとまた非合理的な思考が再燃してくることが多い。このような場合は，自動思考の根底にある信念・スキーマへの介入が必要となる。また面接期間も1年以上の長期にわたることとなる。信念およびスキーマの分類とその内容は，第2章（スキーマについては表2［p23］）に示した通りであるが，以下に自動思考から信念・スキーマに導く方法についての例を示す。

【介入例】

　感情の起伏が激しく，対人関係が不安定な20代女性。うつ症状を訴えている。8回目のセッション。

Th：ここ数回のセッションで，周りの人とのトラブルが多いということを繰り返し言っておられましたね。

Cl：そうなんです！　私は気を遣って仲良くしようとしてるんですけど，うまくいかないんです。

Th：最近ではどんなことがありましたか。

Cl：昨日友達と出かけて，いろいろ話しているうちに何かイライラしてきて……。友達の恋愛の話を聞いていて，私が自分の意見を言ったら急に黙りこくって。その子の彼氏の言葉があまりにひどいと思ったので，「そんな人とは別れた方がいいよ」とアドバイスしたんです。友達はその男に騙されてると思うんです。

Th：友達が黙ってしまった時，あなたはどんなふうに考えたのですか。

Cl：そうですね。せっかく友達のために忠告してあげたのに，そんな反応するなんて腹が立ちました。

Th：腹が立ったのですね。その時にどんなことが頭に浮かびましたか。気持ちではなく，どんな考えが浮かんだかということですが。

Cl：考えですか？　私の気持ちがわかってないんだな，って思いました。

Th：気持ちをわかってもらえないと思ったのですね。そういうふう考えることが他でもありますか。

Cl：いま付き合っている彼氏もそうです。私が体調が悪い時にもおかまいなしに，自分がしてほしいことばかり言ってくるんですよ。この間も……（夕食に何を食べたいかをめぐって言い争いになった状況を長々と話す）。

Th：彼氏はあなたの気持ちをまったく理解しないことに腹が立ったのですね。とてもいやな思いをされたと思います。

Cl：ほんとにそうなんです。うちの母親だってそうです。

Th：みんなわかってくれないということですね。ただ，同じことがよく起きていると思うのですが。誰も自分のことをわかってくれない，言いかえると，私は誰からも理解されないということになるでしょうか。

Cl：はい，そう言われると，いつもそんなふうに思っていると思います。

Th：ときどきここで，ものごとをどうとらえたりどう考えるかが，気分や行動を決めると話しましたよね。どのような場面でも同じように考えるとすると，

それは心の底にあって普段は意識しない考え方があり，それは信念と呼ばれるものです。

　信念に気づいて，それがどのような種類のものか検討して，現実と合ったものに変えていくことで，いやな気分や行動を和らげていくことができるのです。

CI：それはすぐできるものなのですか。

Th：普段は気づいていないものなので，簡単にとらえて変えていくことはできないと思います。少しゆっくり時間をかけて，少しずつ理解して変えていくことができると思います。

CI：なんだか難しそうだけど，それで気持ちが楽になるのならやってみようかな。

Th：前向きに考えられて素晴らしいです。

　このように，傾聴していく中で出てきた思考（自動思考）をとらえ，それがどのような場面でも共通して出てくる思考パターンであることを見立てて信念を同定し，認知的心理教育をしながら信念の理解と変容を促していく。どのような場合に信念への介入を促すかについては，次のような点を基準にするとよいだろう。

- 自動思考を確かめていく中で，比較的早期に信念そのものを言語化できる場合。
- マルチモード療法（p33-34）でいうところの，思考モードが優位なクライエントの場合。
- 精神病理のレベル（p48）がパーソナリティ障害水準のクライエントの場合。

9）治療関係における認知を扱う

　一般的な認知療法は，面接の外で起こっている，または比較的最近起こった出来事における思考を扱うが，面接の中で，セラピストとクライエントの間で生じる関係性の中で起こってくる思考を扱うことも可能である。これは精神分析療法でいうところの転移関係と同様の現象である。このような場面で生じる

思考はまさに，今ここで生じているものであるので，いわゆる「ホットな認知」を扱うことになり，変化を及ぼしやすいものとなる。以下に面接場面で生じるセラピストへの反応を扱った例を提示する。

【介入例】

　自分への劣等感が強く，依存的で面接中も感情の起伏が激しい30代前半の女性。20回目のセッション。

Th：調子はどうですか。

Cl：今週も最悪でした。ずっと気分が悪くて，やる気も出ないんです。他のみんなはうまくやってるのに，私だけがうまくいかないんです。うちの両親だってなんの悩みもなく生活してきてるので，私の苦しみなんてわからないんです。

Th：他の人はうまくやってるのに，自分だけうまくいかないと感じるんですね。

Cl：だってほんとに私だけだから。高校や大学の時のクラスメートもみんな，年賀状とか見たら楽しそうに笑ってるし。

Th：写真は笑ってるところを撮るものですからね。

Cl：なぜ私だけこんな思いをしないといけないの。先生だってなんの悩みもなくやってるでしょうし，私のことを出来の悪い女って思ってるでしょう。

Th：私からも見下げられてるように思うのですね。(……少し間を置いて…)実はまったくそういうふうには思ってないですが。

Cl：じゃあどう思ってるんですか。

Th：自分は他の人より劣っていると思っておられるんだな。どうやったら○○さんはその考えを変えれるかな，と思ってました。

Cl：(…沈黙…)

Th：意外だったですか。今，私から「だめな人だ」と思われてると考えてましたよね。同じように他の人からも，だめな人だと思われてると考えていませんか。

Cl：ええ，みんな私をだめな人間だ，と見下げていると思っています。

Th：先ほど私はどう思っていると言っていましたか。

Cl：あ，見下げてはいなかったんですよね。じゃあ他の人もそう？

Th：その可能性は高いと思います。ちょうど今，私との間であなたの思いを確認しましたね。こうやって，ここで私たちの間で起こっていること，あなたが考えていることを確認してみて，それがはたして，客観的に見て合っているかどうかを確かめると役立つかもしれません。この作業を続けてみませんか。

Cl：そうか……。ここで確かめればいいんですね。考えてみようかな。

Th：考えてみる気になっていただいてうれしいです。

　このように，クライエントが半意識的に保持している非合理的な思考を，面接の場面で起こっている治療関係の中で取り上げ検討することで，まさに今ここで生じているリアルな体験として用いることができ，気づきと変容を促進できる。

　ただし，治療関係そのものを扱うので，その分クライエントにとってインパクトが大きく，強い抵抗を示すこともあるため，関係性に言及する際には慎重を期すことが必要となる。セラピストには，受容的で敏感にクライエントの反応や心情を見極め気遣う態度が求められるだろう。

10）イメージを扱う

　標準的な認知療法でも，認知や感情への介入と並んでイメージへの介入技法も使用される。認知療法ではイメージも認知の一部とされ，思考への介入と同様に扱われる。イメージは視覚的経験であるが，イメージの中でクライエントが考えていること（思考）を同定し，その非合理性を検討して適応的，合理的思考に修正するよう導く。古くは行動療法の中でもイメージを使った系統的脱感作法などの技法があり，催眠療法はイメージに近縁の方法ということもあり催眠の文脈で論じられることが多く，さまざまな技法が提唱されている（Sheikh, 2000）。ここでは一般的な心理療法の中で，イメージを用いて認知に介入する技法に特化して提示する。

【介入例】

　20代後半の会社員男性。対人不安が強く，企画のプレゼンテーションをする際強く緊張してしまう。3回目の面接。

Th：次のプレゼンテーションが気になると言っていましたね。

Cl：そうなんです。やはり緊張が強くて，今度のプレゼンもきっと声が震えたりしてうまく話せず，恥ずかしい思いをするんじゃないかと。

Th：もしその場にいるとして，どんなことを考えていそうですか。

Cl：どんなことを考えているって？　もう不安と緊張しかなくて何も考えられないと思います。

Th：では今この瞬間に，プレゼンの場面に自分がいるとイメージできますか？できれば目をつぶって，その場面を思い浮かべてください。

Cl：（目を閉じて）ぼやーっとしてますが，なんとか想像できます。

Th：部屋の様子をイメージしてください。会議の机があって，あなたは一番前に座っていて話をし始めています。そこに参加している人の顔をイメージできますか。

Cl：いつもいる同僚の顔が見えます。上司もすぐそばにいます。話し始めているのですが，声が震えています。

Th：今どのように考えていますか。

Cl：みんな僕の顔をじっと見ています。何か思ってそう……。やっぱりこいつはだめだな。何をやってもうまくやれない。まったくだめなやつだと思ってると思う。

Th：みんながあなたのことを，だめなやつだな，と思っていると考えるのですね。

Cl：そうです。

Th：他にはどのような考えが浮かんでいますか。

Cl：他にですか？　何かあるかな……。

Th：今イメージの中ではどうしていますか。見えているものを言っていただけますか。

Cl：なんとかプレゼンを続けていますが……。あー，そうですね。このまま続けていて，やっぱり最後はうまくまとめられず，言葉に詰まってしまってやめてしまうんじゃないか。

Th：「〜じゃないか」という疑問文の言い方よりも，「〜だ」という断定的な言い方にできますか。

CI：そうですね。（しばらく考えて）きっとこのまま続けてもうまくいかず失敗する！

　この例のように，思考に焦点を当てても表出が難しい場合，つまり文字通り「考えても出てこない」時はイメージにより視覚に訴えることで，思考を表出させやすくすることができる。閉眼させ，まさに今ここでその状況が生じているように促すと，より鮮明にその場面が視覚化され思考も浮かびやすくなる。その際，セラピストはより鮮明にイメージを浮かびやすくさせるための誘導が必要となるが，催眠療法による暗示誘導のテクニック（高石・大谷，2012）が有効となる。

　以上の統合的認知療法の技法を簡潔にまとめたものが表8である。それぞれの技法はそのままマニュアル的に使えるものではないが，臨床場面の中で適用する目安として用い，事例ごとに面接の展開や状況に応じてアレンジして使うことを勧めたい。

Ⓥ よくある疑問や質問への回答

　多くの（統合的でない）臨床家は，自らのよって立つ技法に他の技法を組み入れることは抵抗があるだろう。自分が適用している方法を強く信頼していることもあるだろうし，異なる考え方を持つ方法を併用するなどということは考えられない，と思っているかもしれない。自分が学んだ教育機関（大学院や研修機関），あるいは指導を受けた恩師への裏切りとさえ感じる人がいるかもしれない。そのような臨床家はここまで述べてきたことについて，さまざまな疑問や反論を持っているだろう。

　そこでここでは，本書で述べてきた他技法に認知療法の技法を適用する方法についてのさまざまな質問をあげて回答していくことで，本法への疑問を解消し，統合的認知療法を抵抗なく使えるよう促すことを目的としたい。

表8　統合的認知療法の技法とその使用法

技法名	用い方
①認知的心理教育	どのような学派の方法を使うかにかかわらず，思考の問題が出てきた時に認知と感情，行動との結びつきを説明し，思考が変わることでネガティブな感情や行動が減少することを理解させる。
②認知的側面への焦点づけ	それぞれの学派の面接を継続しながら，クライエントが認知的側面を言語化したりそれに関連することが出てきた時にそこに焦点づける。
③感情と思考の区別	感情を表す言葉（例：「人前で話をして不安になった」）と思考を表す言葉（例：「人はうまく話せない自分を非難しているだろう」）を区別するように促す。
④感情・行動に関連した思考への介入	思考に単独で焦点づけるのではなく，感情や行動に関連づけて思考を扱う。その後に感情，行動に焦点を移し替えることもできる。
⑤認知変容への動機づけと励まし	クライエントが思考を同定し焦点づけたり，思考変容をできたことを励まして動機づけを高める。
⑥過去の思考の変容	過去において経験した思考に焦点を当て介入する。（精神分析療法の方法と類似）
⑦未来の思考の変容	未来の状況において生じるであろう思考に焦点を当てる。（ソリューション・フォーカスト・アプローチの方法と類似）
⑧より根底にある認知（信念・スキーマ）への気づきと変容	病理水準の重いクライエントに対して，自動思考の根底にある信念またはスキーマに焦点づけ，気づきと変容を促す。
⑨治療関係における認知を扱う	面接場面でセラピストとクライエントと関係の中で起きている思考に焦点を当てる。今ここで起きている"ホットな認知"を扱うことができる。
⑩イメージを扱う	単にその場面を思い出すだけでなく，イメージを浮かべることで視覚的に場面をとらえ，その中での思考を扱う。

質問1　認知を扱うということは『ものごとへの考え方』を真正面からとらえるので，他の方法と比べて表面的で単純なのではないか？

　たしかに精神分析療法のように人の深層にある複雑な心を扱うものではなく，クライエント中心療法のように自己の体験の全体をとらえるのでもない。しかし，だからといって認知は人間の浅い側面を表しているということにはならない。認知は主に人間の思考的側面を表すことになるが，それは感情や身体

感覚や行動とも連動しているし，スキーマや信念となると体験の深部にある根底的な部分となり，無意識的なものや交流分析でいう脚本（Stewart & Joines, 1987）とも類似するものとなる。自動思考のように比較的表層に近いものを扱うこともできるし，スキーマや信念のような深い認知も，ケースの性質や面接の展開に応じて使い分けることもできる。

質問2　認知を扱う際に，クライエントが自分の思考をとらえるのが難しい場合がある。そのようなクライエントには認知への介入は行えないのではないか？

　認知への介入というのは，クライエントが自ら考えていること（思考）をさらに考える，つまり思考の思考（メタ認知）を扱うものである。そのためクライエントによっては，自分の思考をとらえることが難しい人もいるかもしれない。人は普段はメタ認知機能を使わない，または無意識的に使っていることから，あえてそれを意識に上らせて焦点づけするのは困難である。メタ認知機能を高めるためには多少の訓練が必要である。認知的心理教育を用いて繰り返しクライエントに思考のとらえ方を学ばせ，それに慣れてもらう必要がある。それでもどうしても思考をとらえることが難しい場合は，行動面や感情面に介入することを選択する必要が生じることになるだろう。

質問3　人間の心の問題を援助するには感情を扱うことが本質である。認知だけ扱うのは単純なのではないか？

　従来の心理療法は主に感情に焦点づけることが多かった。精神分析療法，クライエント中心療法，交流分析療法，ゲシュタルト療法などは特にそうである。統合的認知療法は認知（思考）に焦点づけることを勧めるが，感情や行動を無視するのではない。認知は感情や行動，身体感覚などの要因にも常につながっており，それらを含み込んでの認知を取り扱う。特に感情と連動した認知は「ホットな認知」と呼ばれ，今ここでの活性化された認知を扱うことが治療効果にもつながるのである。

質問4 他の学派の心理療法と認知療法の理論は違うのだから，一緒に使うのは無理があるのではないか？

　たしかに心理療法の学派によってその背景となる理論は異なり，それぞれに人間の見方，理解の仕方が相当異なっているといえる。一つの理論だけを信頼して，それに基づく方法を用いることが一般的ではあるが，第2章のⅣで述べたように，心理療法を統合的，折衷的に用いる方法もある。特に技法折衷アプローチ（p33-34）では背景にある理論には関係なく，クライエントの治癒や成長に役立つのであれば，的確なアセスメントに基づいて有効な技法を用いて面接を展開していく。統合的認知療法もこのような技法折衷アプローチを基盤にしたアプローチであるので，理論の相違にはこだわらない。学派の理論ありきではなく，クライエントの利益を常に優先するということである。

質問5 認知への介入を勧めているが，認知行動療法なので行動の側面も扱うべきではないか？

　統合的認知療法は，さまざまな学派の心理療法や一般的な心理療法，カウンセリングにおいて認知的要因に焦点づけていくので，思考（認知）への介入を中心にしている。しかし，他の学派の方法を否定するものではないので，当然行動への介入も視野に入れてよい。基盤となる技法折衷的な考え方からは，認知も行動も感情も，それぞれが人間のパーソナリティや心的状態を構成するものとして対等であると考える。臨床家は自分の属する学派に応じて，行動的側面に焦点づけて介入することも可能である。

質問6 心理療法はクライエントとのよりよい関係性，すなわちラポールを重視するものであるが，認知療法は指示的な方法なので，関係性を軽視しているのではないか？

　あらゆる心理療法は，セラピストとクライエントの関係性を基盤にすることが必要であり，統合的認知療法も関係性を重視している（第4章参照）。クライエントに対する敬意，言動を否定せず受容することが特に重要となる。思考（認知）に言及することは特にクライエントの抵抗を招きやすくなるので，慎重に治療関係を築いて信頼を得ておくことが大切である。関係性を良好に保つ

ほどに抵抗が減り，クライエントは自分の思考を見つめて変容する作業をしやすくなる。

質問7 一つの学派の方法を習得するだけでも大変なのに，そこに認知療法の技法を取り入れるなんて無理だ。

心理療法は深い学習と十分な経験を積むことで習得できる。特に精神分析療法は十分な訓練期間を要し，数十年にも及ぶトレーニングが必要であるとされている。自己一致した人間性と，技法を要しない方法（態度）が必要とされるクライエント中心療法は，精神分析以上に修練が必要であると思われる。認知療法は，人間が比較的意識しやすい思考を扱うこと，また治療の手順が定められマニュアル化されていることから，精神分析療法やクライエント中心療法に比べて比較的容易に習得しやすいと思われる。臨床家がそれまでに訓練と経験を積んできた学派の技法に，認知的要因を加味した技法を加えることは，それほど困難ではないと考えられる。といってもやはり心理療法という営みそのものが，深く広い学修と訓練，人間的な成長を臨床家は求められるということを忘れてはならないだろう。

質問8 認知行動療法は，決まったマニュアルのもとで症状を軽減することを目的として，エビデンスを重視する方法であるが，人間の心をそのように割り切って考えるのには疑問がある。

認知行動療法の一方の極である行動療法は，もともとが学習心理学という基礎実験のデータに基づいて応用された療法であり，他方の認知療法はその方法論的明確さと治療効果の鮮明さから，ともに明確なエビデンスを持つ治療法として発展してきたといえる。エビデンスに基づいてクライエントにセラピーを提供することは，倫理的にもコンプライアンスの観点からも妥当といえる。一方，エビデンス重視の風潮にも心理学，医学，哲学の分野からも批判があり（斉藤・岸本，2003；小林・西，2015など），古くは顕在せず測定できない無意識を扱う深層心理学（精神分析療法）や全体的な人間存在に言及する人間性心理学（パーソン・センタード・アプローチ）が，また近年ではクライエントの語りに焦点を当て，その生きる物語りを再構成していくナラティブ・アプ

ローチにそれが表れている。統合的認知療法は統合的，折衷的立場（多元主義）をとるので，エビデンスおよび非エビデンスの両方の立場を認めるものである。要はクライエントの健康と福祉に貢献することであるので，そのためにはエビデンス，非エビデンスにこだわらずにクライエント援助を行うことが肝要，ということになる。

質問9 自分は認知という考え方が嫌いだ。好まないものをセラピーに取り入れたくない。

　理論や技法はそれが正しいかどうか，あるいは有効であるかどうかにかかわらず，セラピストは自身の考え方や価値観に合った方法を選ぶだろう。自らが強くコミットしているほど，その方法を使って真摯にクライエントに相対するであろうし，その懸命さにクライエントも反応して，よりよい変化に向かうかもしれない。だが一方で，セラピストの好みにかかわらずクライエントの利益に適う援助を行うことが，専門家としてのセラピストには求められている。セラピスト自身の価値観や好みを十分自覚しつつ，クライエントのために何をなすことが最良かを考えながら，バランスのよい対応をするのがよいだろう。

質問10 このような複雑な方法を用いなくても，直接アドバイスしたり薬を用いたりと，手っ取り早い援助をした方がいいのではないか？

　人を援助するのに，短時間で簡単にできる方法を用いることができればそれに越したことはない。直接的なアドバイスに対してクライエントが素直にそれを聞き入れ実行し，よい変化がもたらされたり，即効性があり副作用もない薬を服用して治癒できるならば，クライエントのためにもセラピストのためにも，最もよいといえるかもしれない。しかし事はそれほど単純でもないし容易でもない。アドバイスしても「そんなことはわかっている」，「とっくにそれは試してみた」，「そんな簡単にものごとが進むわけがない」という反応が返ってくるのは容易に想像できるし，万人に効果があり副作用もまったくない薬は存在しない。認知に焦点づけるのは，他の学派の方法と比べてそれほど難解でも煩雑でもないと思われる。専門家としてセラピストが学習と訓練に勤しんで，面接に臨むことが必要であろう。

第4章

統合的認知療法における治療関係

　あらゆる心理療法において治療関係が重要であることはいうまでもないだろう。

　一般的に，関係性を重視するのは，主にクライエント中心療法においてであると考える臨床家が多いと思われる。認知行動療法（または認知療法，行動療法）は理論やマニュアルを使うことが中心で，関係性を重視しないととられることが多い。しかし，認知行動療法にも関係性を重要視する側面がある。

　この章では，これまでにあげてきた各学派における関係性の要因についてまとめ，統合的認知療法における治療関係のあり方を説明していく。認知を扱うセラピーは決してマニュアル的でなく，人間的な関係性を基礎に置いていることを理解してもらうことが，この章の目的である。

Ⅰ　各心理療法における関係性

1．精神分析的心理療法における関係性

　第1章で述べたように，精神分析療法は無意識を想定し，幼少期の経験によって複合的に行動や症状が形成されると考える。セラピー場面においては退行，転移，抵抗といった問題が現れて，セラピストはそのようなクライエントの力動を明確化し直面化させ浮き彫りにして洞察を導くことによって治療する。また，「患者の真っ当でかけがえのない存在という感覚を援助する」（Gabbard, 2005）というヒューマニスティックな面も扱う。人間存在に対する考え方は構造論的，解釈学的な面があるが，転移を通してセラピストとの相互作用を重視する点からは多分に関係論的である。

　精神分析療法では，面接場面におけるクライエントとセラピストの間で起こるさまざまな反応（退行，抵抗，転移など）を扱うことになるので，当然その関係性が重要となる。正統派の精神分析療法ではセラピストからの積極的なかかわりを避け，いかなる価値的判断をも退ける受け身性，中立性を重視する（Freud, 1912）。つまりそこでは，カウンセリング一般で見られるクライエントへの最大限の敬意や尊重，ラポール形成などには言及されない。それは精神分析療法の理論，技法に適っているのだが，やはり受け身性，中立性を実行する前に最小限のセラピストへの信頼や治療法への信用がなければセラピーそのものが成り立たない。

　コフートが提唱した自己心理学では，クライエントの自己愛的な感情表出を共感的に受け止めることが治療機序となっており，治療関係そのものが治療を促進する機能がある。またサリバンに代表される人間関係学派は，それまでにフロイトが提唱した生物学的な考え方に異議を唱え，分析家とクライエントの間に起こる関係的な現象に注意を促した。このように，フロイト以降の学派ではエスの機能やリビドーといった生物学的な構造ではなく，人間と人間の間（セラピストのクライエントの関係性）で起こる現象を重視して理論化し，治療にも用いていることがわかる。

2．行動療法における関係性

　行動療法は，前述（p10-12）のように個人と環境との相互作用，つまり先行刺激，行動，結果刺激の間の随伴性を機能的に分析し，アセスメントに応じた技法を選択し適用してセラピーを展開する。従来の行動療法ではセラピストとクライエントの関係性は治癒要因には入っておらず，従来の標準的なテキストの中でも「よい治療関係を保って」（佑宗ら，1972）という程度に扱われていた。良好な関係性を持つことは，行動療法の進展上当然のこととととらえられていたわけである。ところが近年になって，セラピー上の関係性にも焦点があたるようになった。その典型例ともいえる機能分析心理療法では，行動は個体（人間）と環境との相互作用に規定されるという従来の行動療法の理論的背景を敷衍して，セラピストそのものもクライエントにとって重要な環境刺激の一つであり，セラピストとクライエントとの関係性の文脈をセラピーの中心に据

えた（Kolenberg & Tsai, 1991）。セラピーの内部で起こる行動が，クライエントの日常生活上の行動と機能的に類似しているとして，それを臨床関連行動（clinically relevant behavior：CRB）と呼ぶ。そしてセッション内で表出される不適応的な行動をCRB1，適応的な行動をCRB2として，後者のCRB2を増加させるように介入する。行動療法の基本理論である随伴性を，セラピスト−クライエント関係の中に持ち込み治療的変化を促す方法であり，あくまで行動療法の枠組みの中で行われるのだが，関係性を重視していることに違いはない。

3．パーソンセンタード・アプローチにおける関係性

クライエント中心療法やフォーカシング指向心理療法，ゲシュタルト療法，実存療法などのパーソン・センタード・アプローチでは，まさに関係性そのものがセラピーの中心となる。ここでは特にクライエント中心療法に焦点を当てて考察する。セラピーの中核的三条件である無条件の肯定的配慮（受容），共感（感情移入的理解），自己一致（純粋性）は，セラピストとクライエントの関係性の中で生じる出来事であり，池見（2015）は無条件の肯定的関心を，相手を認める関係，相手をいたわる関係，相手を大切にする関係，温かさが感じられる関係と表現し，acceptanceを受容と訳さない方がよいとしている。これは従来の受容（acceptance）の定義を，さらに関係性の次元に高めた考え方である。

心理療法では一般的に，いずれの学派の方法を用いようとも，傾聴することやクライエントへの敬意や尊重を前提にして進められる。それらはことさらに，クライエント中心療法で唱道される理論，技法を踏まえているわけではないが，クライエント中心療法で適用される技法が，あらゆる心理療法の必要条件となっているといっていいだろう。

4．ブリーフセラピーにおける関係性

ブリーフセラピーは，内面的な心理状態や外見的な行動，あるいはその中間的位置にある認知といった側面に焦点を当てるのではなく，今ある問題に変化を促そうとするところに特徴がある。ただ，変化を促す可能性があるものにつ

いては，行動面，認知面，時には無意識的な動機にも介入することがありうる。

　関係性については，セラピストとクライエントの直接的な二者関係ではなく，クライエントの家族などの他者，あるいはクライエントを取り巻くさまざまな人，出来事との相互作用（つまりシステム）に焦点をおくという第三者的な視点をセラピストがとるといってよいだろう。またブリーフセラピーにおいては，他者や出来事，時には問題そのものとも距離を置くことが改善につながると考えることが多い[注9]。このようにブリーフセラピーにおいては，直接的な関係性というよりもクライエントの行動パターン，認識の仕方，システムを，問題と距離をとる方向へと導いていく役割をセラピストがとることになる。

　ソリューション・フォーカスト・アプローチでは，クライエントが問題を持ちつつもそれを解決に向けて行う行動や思考に対して，他学派から見たら大げさともいえるほどの賞賛を与える（コンプリメント技法）。この技法は関係性を強化するというよりも，クライエントを解決の方向に推し進めるための技法である。このようなポジティブな関係性を積極的に利用することによって，セラピーの方向性を強力に推進するところに，ブリーフセラピーとしてのソリューション・フォーカスト・アプローチの特徴がある。

5．認知療法における関係性

　認知療法は，ここまで述べてきたように，構造化された面接形態のもと，指示的，教育的な方針を用いつつ自動思考や信念，スキーマといった認知に焦点を当て，その変容を図っていく。その際，思考のクセや非合理的信念に対してセラピストが直接指摘したり，合理的な考え方を説得して教えるようなことはせず，ソクラテス式質問法などを用いてクライエント自らが自動思考に気づき，合理的思考に修正したり問題解決を進められるように持っていく。クライエントが持つ問題について，セラピストとクライエントが対等な立場で協力して検討し解決に向かう姿勢を共同的経験主義と呼び，認知療法における関係性

注9）たとえば，MRI派のリフレーミング，ナラティブ・セラピーの外在化などがこれにあたる。

の特徴となっている。

　ベックら（1979）は，治療者の望ましい特性（温かさ，正確な共感，誠実性），治療的相互作用（基本的信頼感，ラポール），治療的協力関係が治療関係を促進すると述べており，フリーマンら（Freeman et al., 1990）は，患者の言葉での表現や声の調子，非言語的反応に敏感で…（中略）…どのように患者を理解しているかを患者に伝えるべきである，として治療関係の重要さに言及している。レドリーら（Ledley et al., 2005）は，認知行動療法の初級者のテキストの中で治療同盟の重要さについて述べており，ロジャースの業績を参考にして共感，純粋性，温かさをあげている。また，無条件の肯定的関心というロジャースが重要視する態度と，認知療法の共同的経験主義との類似性についても言及している。

　筆者はかつて他書で，認知療法の共感の役割について論じたことがある（東，2011）。認知療法の各フェイズにおける共感の機能と役割は以下のようになる。

1）心理教育

　面接の初期（多くは初回）に，認知療法についてその理論的根拠，介入による効果や治癒メカニズムを説明することになる。このフェイズでは当然セラピストが多くを語り，クライエントが聞く役になる。ここでの心理教育の内容はクライエントにとって初めて聞くものであり，普段考えていることとはかなり違うことを聞くことになり，時に違和感のある状況となる。ここでセラピストは，これまでの考え方や行動の仕方に合わない指摘をされるクライエントの気持ちに添い，その違和感や苦痛感に思いを馳せ，その気持ちに共感することが必要となる。

　クライエントの様子に十分な注意を払い，セラピストの説明を聞いた時のクライエントの感情の変化を敏感に感じ取り，合わせていくことで，クライエントは安心感，安全感を増し，セラピストへの信頼感を高めることになる。人は信頼する人の言葉は素直に受け止める傾向にあるので，心理教育も抵抗なく素直に聞き，理解することを促進すると思われる。

2）アセスメント

　このフェイズでは，どのような状況の下にいかなる自動思考が生じ，その結果どのような（主としてネガティブな）感情が生じるかを，セラピストからの

質問を多用しながら整理していく。クライエントの問題そのものに言及していくので，自動思考や信念など，意識してこなかった問題に直面することで当然抵抗が生じるであろうし，認知的アセスメントのやり方について疑問が生じるかもしれない。

　そのようなネガティブな感情にセラピストが気づき，侵入的にならないよう，またクライエントが責められているように感じないよう注意を払いながら，慎重にアセスメントの作業を進めていく必要がある。ここではクライエントの微妙な心情をセラピストが細やかに感じ取り，よい同盟関係を保つことで順調にアセスメントを行っていくことが肝要となる。

　アセスメントはクライエントの問題点を探り，次のフェイズの技法介入に備えて改善すべき点を抽出していくことになるので，クライエントは自身の考えや感情，時として生き方や人間性そのものを否定されるように感じるかもしれない。セラピストは決してクライエントの悪い面を暴いたり人格を否定しようとするのではなく，苦しみを取り除き充実した生活を送ってほしいがために援助的に関わっていることを知らせるべきであり，そのためにアセスメントの作業をしていることを，十分に理解してもらう必要がある。

　3）技法介入

　このフェイズでは具体的にクライエントが持つ問題に踏み込み，自動思考や信念を同定，検討し，合理的で現実的な思考に修正していく作業が始まる。ここまでのフェイズで心理教育とアセスメントを終えているので，クライエントはある程度認知療法に親しみ，その方法論を理解しているはずである。しかし，やはりここでも自分の自動思考や信念の不適切さに直面していくことになるので，クライエントは自らの考え方やものごとのとらえ方を否定され，時にセラピストに責められているような感覚を持つ可能性がある。認知療法に限らず，人は変化する時に痛みを伴うものである。その苦しみにセラピストが気づき，深く理解して，クライエントが不快な思いをすることを最小限に抑えつつ，変化することを援助するべきである。

　ここでは，認知療法における治療関係のうち共感性の重要さについて述べてきたが，一般的な治療関係の要因である傾聴，支持，同盟性，受容，純粋性も

それぞれ重要であることは言うまでもない。認知療法に特異的な共同的経験主義という関係性も，クライエントへの深い敬意のもとでの傾聴，支持などが欠かせない。むしろ心理療法では，これらの深い関係性のみでその効果を上げることができるといえるかもしれない。そのような効果を上げられる力量のあるセラピストはほとんど存在しないゆえに，認知療法やその他の技法が使用されるといってもよい。

　認知療法は，認知モデルという基礎理論を基盤として，思考という，クライエントにとって最もアクセスしやすいと思われる要因に直接焦点を当てる。その技法も定型化されているので，マニュアル化された方法と思われがちであるが，そのアクセスしやすさ，理解のしやすさゆえにクライエントの抵抗も生じやすく，不快な感情を喚起しやすいので，本章で述べるような良好な関係性が特に必要となる。理論と技法の明確さに甘えて画一的な面接をするのではなく，セラピストとクライエントという，深い人間性を持った者同士の関係性に裏打ちされた面接を心がけるべきであろう。

Ⅱ　統合的認知療法における関係性

　主要な心理療法における関係性と，認知療法において特異的な関係性について述べてきたが，最後にそれぞれの心理療法を中心的に用いながら，機に応じて認知的要因に焦点づけ介入すること，すなわち統合的認知療法を適用する際の関係性について解説する。

　統合的認知療法では，まず第一にセラピスト－クライエント関係を重視することを強調したい。関係性を最も重視するクライエント中心療法をはじめとして，各学派においてそれぞれの方法論に基づいて関係性のとり方があることを前節で述べた。統合的認知療法はまず各セラピストが依拠する学派の方法をとることを前提としているので，セラピストは用いる学派の関係性を中心に考えることになる。それは中立性・受け身性（精神分析療法）であったり，行動に現れる関係性の制御（行動療法のバリエーションとしての機能分析心理療法）であったり，または積極的に解決を推進するための賞賛（ソリューション・フォーカスト・アプローチ）であったりするだろう。その中で認知に焦点づけ

て介入する際には，共同的経験主義の考え方が加味されることになる。つまり問題と距離を置いて，セラピストとクライエントが共同して問題の同定と改善にあたる，というスタンスとなる。いきおいそれは他の学派の関係性よりも客観的，科学的，問題解決的な傾向が付加されたり強まったりするだろう。それまで用いていたどの関係性のとり方とも異なってくるので，それまでの面接の雰囲気とは違ってくることもあるだろう。急激な関係性の変化はクライエントに（セラピストにも）違和感が生じるので，クライエントの反応に注意を払うべきである。

一方で，統合・折衷的心理療法の側から見てみると，認知療法的な関係性を用いている際にも，他学派の関係性を援用するという方法もとることができる。たとえば思考に焦点づけている時にも転移関係に注意を払って，転移反応に現れる思考パターンを扱う（精神分析療法的な関係性）こともできるし，クライエントが自らの思考に気づいたりその変容を図った時に，強く同意したり励ますという方法をとる（ソリューション・フォーカスト・アプローチ）こともできる。このようにセラピストが専門とする学派の関係性を用いることと，認知療法に特異的な関係性を用いることのバランスをうまくとり，関係性の構築に役立てることができれば，より効果的にセッションを進められるだろう。

以上，統合的認知療法における関係性のとり方について，他学派の関係性を考慮しながら述べてきた。本章のはじめに述べたように，統合的認知療法ではまず関係性を第一に考えてセラピーを展開していく。心理療法はセラピストとクライエントとの一対一の関係を基盤にするものであるので，関係性そのものが心理療法の本質であり治癒メカニズムを説明するものであるかもしれない。その意味で関係性をセラピーの中心的要因と考えるクライエント中心療法が，心理療法の本質をついた最も優れた方法なのではないかと筆者は考えている。

しかし，クライエント中心療法は技法を最小限しか持たず，一貫した深い人間性をセラピーの中で示す必要があり，そのための人間的素養と純粋性が必要となり，それだけですべてのセラピストがクライエントに貢献することは難しくなる。認知への介入という理解しやすく扱いやすい方法を用いることで，関係性という治癒メカニズムに付随する要因を用いて，より効果的なセラピーを

遂行できるように補うことができると考える。その意味で，心理療法は関係性という基盤のもとで，多くの学派の心理療法が理論構築する人間の心理的困難性へのさまざまな接近法を概念的枠組みとして，多くの有効な技法を援用することで構成されているといえるかもしれない。その有効な技法として，本書で推奨する認知的技法を援用した方法が，効を奏すると考えている。多くの心理療法家が，関係性という心理療法の本質を忘れずに，よりよいセラピーを遂行してほしいと願って本章を終わりたい。

第5章

ケースから学ぶ認知療法の活用
——統合的認知療法の実際

　この章では，ここまで解説してきた統合的認知療法を具体的にどう使うか，事例を提示して詳しく述べていく。ここまでの章においても事例を用いて技法や介入の様子を示してきているので，読者は統合的認知療法の使い方をある程度把握できていると思われる。本章では架空の事例を逐語も用いながら詳細に記述していくので，具体的な面接の展開や技法介入の方法，タイミングについて理解を深められると思う。第3章では各学派の心理療法の中での認知的介入の仕方，および一般的な心理療法の中でどのように認知に焦点を当て介入するかを，事例を用いて紹介した。本章では症状や問題別に分けて，傾聴や支持を中心とした一般的なカウンセリングや心理療法，また精神力動や行動的な面を扱う心理療法を用いていく中で，認知面へのアセスメントと技法的介入を行っていく方法について，詳しく経過を述べながら論じていく。

　最初の事例は，不安と抑うつを主訴とする男性のものである。認知療法はうつ病の治療論から始まり（Beck et al., 1979），その後，不安症状への適用の実践と研究が盛んになった。それゆえ，認知療法はうつ症状や不安症状に対して大きな効果を持つとされてきた。統合的認知療法はあらゆる精神疾患や心理的問題の改善に効果が期待されるが，まずは認知に焦点づけて介入しやすいうつと不安について，事例を提示して解説したい。

　2番目の事例は，比較的治療が困難とされるパーソナリティ障害のケースである。パーソナリティ障害は神経症の病態水準と異なり，不安や抑うつ，対人関係の障害といった症状だけでなく，人格のレベル（言いかえると自我レベル）に問題を有し，問題解決やものごとのとらえ方（つまり認知）に不備や偏りがあることから感情面や対人関係面での不適応をきたしやすいので，認知に

介入することは有効と思われる。認知療法の適用例としては比較的早期に実践と研究が進められており（Freeman et al., 1990），その効果も確かめられている。

　パーソナリティ障害は，症状や問題の表出のされ方が一様ではなく多要素であるため，従来の行動療法のような症状や行動を標的とした変容を図るセラピーよりも，精神内界的な力動を扱う精神分析的心理療法が有効とされてきた。しかし認知療法の登場により，行動よりも複雑でありかつ無意識的力動よりもとらえやすい，認知面への介入が効果を持つことが確かめられてきた。多様な学派の方法を適用するセラピストにとって，このような認知への介入を時機に応じて的確に活用することで，パーソナリティ障害のような複雑で多様な要因を持つ病態にも効果を発揮することが期待される。

　3番目の事例は発達障害である。発達障害は，神経症やパーソナリティ障害などの病態レベルが情緒的な障害と呼ばれるのに対して，認知的および行動的な障害ととらえられる。ゆえに，精神分析療法やクライエント中心療法といった，主に情緒的側面を扱う伝統的な心理療法は有効ではないと考えられる。一方，発達障害のクライエントが呈する不適応行動に対しては，行動と環境要因との相互作用に焦点を当てて介入する行動療法的技法が有効とされてきた。発達障害の中でも自閉症スペクトラム障害（ASD）と注意欠如・多動性障害（ADHD）では違いがあるが，いずれも認知的要因に焦点を当てて介入するのは有効とされている。発達障害は現代社会においてその理解と対応が重要視されており，その対応が喫緊の課題となっている病態である。ここでも一般的な心理療法での面接過程において，認知に焦点づける工夫について述べたい。

　なおここで提示する事例は，プライバシー保護のためいくつかの事例を複合して作成しており，本書の目的に沿った典型的な内容と展開を有するものであることをおことわりしておきたい。

Ⅰ　事例1：意欲低下のため出社できない男性
──不安とうつの事例

不安や抑うつは臨床場面でよく見られる訴えであり，クライエント本人がそ

れらを訴えなくても、悩みや問題の根底に見られる場合もある。不安にも抑うつにも、非合理的な認知が関連することが多く、従来より認知療法はうつの治療を最も得意とし、不安（対人不安やパニック不安）の治療は行動療法が得意とするところであった。他の一般的な心理療法においても当然不安や抑うつは扱うことができるし成果も出しているが、認知的側面に焦点づけて介入するチャンスは多く、セラピーを促進することができる。ここでは臨床場面でよく見られる典型的な事例の展開を提供し、統合的認知療法の介入のポイントを示したい。

【事例1：A氏、43歳、男性、会社員】
主訴：意欲がわかず出社しづらい、今後のことが不安。
現症歴・問題歴：幼少期はおとなしく内向的で、自分から話すことも少なく友人も少なかったという。勉強はよくできて、こつこつ努力するタイプで成績もよかった。父親は高校を卒業した後、工場で働き、自分はあまり勉強をしてこなかったこともあり、A氏の学業には関心を示さなかったようである。母親は主婦であり、標準的な母親として子ども2人を育ててきたということである。小学校、中学校、高校とクラブ活動も特にすることはなく、真面目に勉学に打ち込んできた。性格的には几帳面で頑固であり、失敗や他者からの批判には敏感で、周りの反応を気にする傾向があった。

成績優秀で国立大学に入学したが、クラブ活動やサークルに参加することもなく、少数の友人と学校で話す程度で、適度に勉強し無難に学生生活を送っていた。周りの学生も優秀な人が多かったが、サークル活動や友人との遊びにいそしむ人が多く、A氏は交友関係がないぶん勉強に費やす時間が相対的に多くとれて、成績もそれなりに高い状態を保てていた。唯一の趣味は読書だったので、それも成績の維持に役立っていたようである。

卒業後は大手の企業に就職し、経理の業務を中心に真面目に仕事をこなしてきた。若いうちは順調に仕事をこなし、責任感が強いこともあって仕事のミスもなく、上司からも信頼されて本人もやりがいを感じていたという。28歳の時に結婚し、子どももできて家族内もうまくいっていた。

入社後15年ほどして（38歳時）チームリーダーに昇格してから、業務量が

増えたことに加えて部下の管理の仕事も増え疲労を感じるようになり，夜よく眠れないようになった。それでもなんとか業務をこなしていたが，ある重要なプロジェクトを任され期限内に完了できなかったことがあり，その後仕事を進めるペースが遅くなってしまった。

　39歳の時に近医内科を受診，不眠症の診断で軽い睡眠薬を処方され少し不眠は改善したが，その後少しずつ意欲が低下し，月に1回程度会社を休むようになった。同期の社員が心配し精神科受診を勧め，妻と一緒に受診したところ軽度のうつ病と診断され抗うつ薬を処方された。はじめは効果があり少し意欲が高まったように感じたが，受診後半年ほどたってからまた意欲が低下してきて，今度は自分のできなさを責めるような発言（「今まで失敗ばかりしてきた」，「今後も何をやってもうまくいかないだろう」など）をするようになった。月に3日ほど会社を休むようになり，ついには2カ月前からまったく出社できなくなり，医師の勧めで休職となった。その後は自宅で何をするでもなく1日をぽうっとして過ごしている。妻の知人が医療関係者で，カウンセリングが有効であると聞き，妻と共にカウンセリング専門機関に来談した。主治医もカウンセリングを受けることには賛成しており，主治医からの紹介という形でカウンセリング開始となった。

【面接の経過】

　第1回面接：今までの経過を詳しく聴取した。最近の状態について聴くと，夜中に何度か目が覚めて熟睡感がないこと，朝も起きづらく特に午前中に気分が落ち込み意欲がわかずぽうっとしていること，一方午後3時頃から気分が上向きテレビを見たり雑誌を読んだりできるとのことであった。セラピスト（以下Th）は基本的に傾聴による面接を中心として応答を続けた。初回のクライエントの様子は，眉間にしわを寄せて重苦しい雰囲気で，声にも覇気がなくいかにも辛そうにしていた。訥々とした話し方で，時折言葉に詰まり短い沈黙が挟まれていた。一方で，奥に秘めた力も感じ，セラピストは怒りにも似た感情を感じ取り，鬼気迫るような空気感のある初回面接となった。

　初回面接での様子から，抑うつ感が強いこと，元来の真面目で固い性格が現在の症状にも関係していること，エネルギーの乏しさからセラピーへのモチ

ベーションが上がらないであろうこと，などが予想された。それゆえ，まずは関係作りを意識してゆっくり傾聴し，受容的に接してセラピストを信頼してもらうよう心がけた。話すことや行動することにも気乗りしないだろうから，言語化や行動することを強くは勧めず，自分のペースでゆっくり考え無理せず日々の生活を送ることを促そうと考えた。また，抑うつ感の背後に怒りや腹立ちといった攻撃感情があることが推察され，治療関係においてもネガティブな感情が潜在している可能性がある。そのような微妙な感情に注意を払いながら，慎重にセラピーを進めていく必要を感じた。

第2回面接：前回の面接の感想を聞くと，「話をよく聴いてくれてありがたかったが，いろいろ思い出してしんどくなった。帰宅してから気分が落ち込んだ」ということだった。面接中も話すこと自体が苦痛なようであったので，Th は必要以上に話をさせないよう配慮しながらの面接を続けた。

話の内容からうかがえるのは，非常に真面目で几帳面，目の前にあることに真剣に向き合い懸命にそれをやり遂げようというA氏の姿勢であった。そのため上司からは重宝され，多くの仕事を任されるようであった。若い頃は上司に言われたままに業務をこなしていれば事足りたので，仕事の疲れは残るものの充実感は十分にあり，精神的には安定していた。しかし社歴も長くなり，チームリーダーというポジションを任されて責任を感じるようになり，従順に業務を遂行するだけでなく自分がした仕事に責任を持ち，部下がした業務にも最終的に責任を持たねばならないと感じた頃から，うつ症状（最初は不眠）が始まっているようであった。A氏の口からもしきりに責任という言葉が出てくるので，Th からも「責任を強く感じているのですね」といった明確化を中心とした応答をすることが多くなったが，A氏はそれに反応して答えるでもなく訥々と訴えを続けた。

知的なA氏はその言語能力の高さから，その時々にふさわしい言葉を選び話すので，面接中の対話は一見順調に進むのだが，やはり表情は硬く，時に苦痛に顔を歪めることもある。Th はうつ症状の苦しさを理解し，それでもそれを克服すべく懸命にセラピーを受けようとしているA氏の姿勢を支持することを心がけた。

第3～5回面接：家にいることが多いので，あまり動かずにほとんど寝てい

るかソファーに腰かけているかの毎日だという。たまにテレビを見たり雑誌を
めくったりしているが，楽しめず長く続かない。少しでも外出して散歩や簡単
な買い物をするよう勧めてみるが，すぐに疲れを感じ長く続かないようであっ
た。やはり自分を責めるような言動が多く，「若い頃からも失敗が多かった」，
「今の会社を選択したのが間違っていた」，「家族に迷惑をかけている」などの
発言に対し，Th は注意深くかかわり受容的な応答を続けた。話の途中で「こ
うやって話していても楽にならず，よくなるとは思えない。続けることに意味
があるのかと思う」といった言動も見られるようになった。Th はセラピーに
対するそのような否定的な発言も尊重し，共感的に応答するようにしていた
が，効果が上がらないことに焦りを感じ始め，Th に否定的な感情を向けられ
ているように感じ始めていた。これは初回面接で見立てた，うつ感情の背後に
潜む攻撃感情であり，早くも初期の面接の中で現れてきた。予想通りの反応で
あり，セラピストは慌てることなく対応できた。今後さらに注意深く慎重に応
答していくことが求められた。

　第6回面接：気分は低下したままの状態であったが，Cl は同じような訴え
を続けていた。以下にこの回の逐語録を示す。

Th：最近は調子はどうでしたか。

Cl：（…）同じです。やはり気分は落ち込んで意欲も出ないし，何もせず家で1
　　日過ごしています。

Th：1日の過ごし方はどんな感じですか。

Cl：（…間…）朝はなかなか起きれなくて布団の中でぐずぐずしています。10
　　時頃になってようやく起き出して，しばらく布団の上でぼーっとしています。

Th：なかなか目が覚めないようですね。どれくらいじっとしているのですか。

Cl：1時間くらいでしょうか。11時くらいにやっとリビングまで行って，妻
　　が用意してくれている朝食を食べます。少しだけですが。その後は（…），リ
　　ビングのソファーに座って何もせずにいることが多いです。

Th：少しでも何かすることはないのですか。

Cl：ときどきテレビを見るか，新聞や雑誌をパラパラめくるくらいですかね。

Th：携帯やパソコンを触ることは？

Cl：会社の人からメールが来たり，数少ないですが友人からラインが来たりするので見ることはありますが，流し読みするだけで返事もほとんどせず閉じてしまいますね。

Th：人からのメッセージは読むのが苦痛なんですね。返事も返す気にならない。（①）

Cl：ほんとにそうです。どうやったらやる気が出てくるんでしょうね。

Th：やる気が起こらなくて，自分ではどうしようもないと感じている。（②）

Cl：そうですが（…）。こうやって話していても気分は楽にならないし，このままカウンセリングを続けていても何も変わらないんじゃないかと思って。

Th：カウンセリングを続けても変化はないし，行き詰まった感じ。（③）

Cl：行き詰まったというか，話してても意味がないというか，そんな感じです。とても不安になります。

Th：不安な感じなんですね。（④）（……）不安な感じになる時にどんなことを頭の中で考えていますか。（⑤）

Cl：頭の中で？（……）さあ，何か考えているかなあ。

Th：わかりにくいですか。たとえば「あとで携帯を見たら，会社からメールが入ってないかな。メールが来てたらプレッシャーだな」とか？（⑥）

Cl：いや，それは考えてないです。外のことでなく，今ここでのことを考えていると思います。

Th：では，今ここでどんなことを考えているでしょうか。さっきおっしゃった不安に感じている時の考えですが。

Cl：このままカウンセリングを続けていても何も変わらない，無駄なことをしてるんじゃないかと思ってました。（⑦）

Th：それから？

Cl：それから？（…）そうですね，もうカウンセリングはやめよう，何も自分には役立つ方法はないんだということです。（⑧）

Th：何も役に立つ方法はないと思ったんですね。そう考えたら不安になってしまいますよね。

Cl：そうです。不安になるし，絶望的になってよけい落ち込んでしまって，何もしたくなくなってしまいます。（⑨）

Th：なるほど。そう考えることがますます不安や落ち込みを強めるということ
　　ですね。考えてることと気持ちがつながっているということになりますね。
Cl：たしかにそうですね。

【本セッションの解説】

　このセッションでは，A氏は日々の生活の中での不調を切々と訴えており，
話すほどにその不調の中に絡め取られていくようであった。ここでのThはA
氏の言動を忠実になぞり，受容的応答を繰り返しており，時に共感的理解を伝
えている（①〜④）。通常の受容的カウンセリングではこのような形で面接を
続けていき，話の内容から情緒面に焦点を移していくにつれてクライエントが
徐々に自分の気持ち，思いへの気づきを深めていく。このような探索的な面接
を続けることで傾聴的，受容的なセラピーは進行していくのだが，傾聴を基本
とした方法（特にクライエント中心療法）は介入技法をほとんど持たないゆえ
に，面接の経過に応じて変化を求めることは難しくなる。

　受容的な面接の途上で，変化がないことにクライエントが苛立ちを覚えた
り，セラピーへの疑問，セラピストへのネガティブ感情などが生じた時に，認
知に焦点を当てることが時に有効となる。ここではThは⑤の時点で初めて思
考に注意を向け自動思考の表出を求めている。情緒的な話を展開している途上
で思考に焦点を当てても，すぐには出てこないことが多く，ここではThは自
動思考の例を提示している。ここで，Clが持っていないであろう思考を例示
することが役立つ（⑥）。その結果⑦において初めてClは思考を表現してい
る。それは⑧でも続き，⑨において再び情緒面の表現に戻っている。Thはそ
の情緒的表現を明確化することによって，当初の受容的，傾聴的方法に戻して
面接を続けていくことができる。

【その後の面接】

　第7回面接以降：第6回面接においてA氏は，初めて感情と思考の関係につ
いて理解するようになった。Thは必要以上に思考に焦点づけることはなく，
主にA氏の感情に沿って明確化をすることで面接を続けた。A氏は絶望感から
くる落ち込みをますます意識するようになり，面接場面で今まさに感じている

セラピーやThへの絶望感，自分を救ってくれないことへの失望感を深く感じるようになった。

　その気落ちを丹念に受け止めて寄り添うThとの関係を進めるにつれて，Th以外の現実での人間関係，たとえば職場の同僚や上司，現在の家族，幼少期の両親に対しても同様の感情を持っていること，またはかつて持っていたことに気づいていった。そして，周囲の人への絶望的な気持ちを語るにつれて，相手を信頼したり期待する気持ちもあることに徐々に気づくようになり，それに伴って気分も少しずつ上向きになっていった。

　Thから特に強く思考内容を指摘して，それを変容しようとすることはしなかったが，ときどき思考と感情が関係することを思い出させる介入をすることによって，A氏は自ら思考に焦点を当て，その考え方の非合理性に気づき，それらを検討して変えようとする言動が見られるようになった。たとえば，「人は何も助けにならないと思っていたが，気づかないうちに助けてくれていた人もいた」，「仕事や対人関係でうまくいかないこともたくさんあったが，よく考えてみるとうまくいったこともそれなりにあった」といったことである。そのような気づきや思考に焦点を当てて探索する姿勢，そして考え方やとらえ方を変えたことに対しても，Thはそれらを受け止めて明確化し，A氏が現実的に経験をとらえ，柔軟な自己概念（自己のとらえ方）を持つことを支援していった。

【事例1のポイントとアドバイス】

　この事例は，幼少期から几帳面な性格を持ち，学生時代はその真面目さゆえ成績も優秀で適応的に過ごしてきたクライエントが，社会人となり責任が強くなってきたことが契機となりうつ状態に陥ることとなった。まずは薬物療法から始め医師の指示通り忠実に服薬し，従順な患者の役割をとることになるのだが，投薬の効果は十分なものではなかった。周囲の促しによって心理療法的援助を受けに来るに至るのだが，（一般的，汎用的である医療を除いて）自ら求めて援助を受ける，すなわち他者に依存する傾向が少ないことが，このタイプのクライエントに往々にしてある。

　A氏は元来より頑固で融通が利かない性格（メランコリー型性格）であり，

思考様式も固かった。面接でも同様の語り口で内向的な言い方が多く，抑うつ気分や自責感情を何度も表現していた。ここでの Th の方法は傾聴的，受容的な心理療法であり，クライエントの語りを忠実になぞり，発言の内容を言いかえ，反射，明確化，要約する形で介入（Ivey, 1978）を続けている。このようなタイプのクライエントは，受容的面接を続けてもネガティブな感情や気分をもとにしてさらに内向していき，ますます苦痛な感情に陥っていく傾向がある。特に感情の明確化を繰り返すことで，気づきが深まる前にネガティブな感情に，より集中していくことになる。そのような時に認知（思考）に焦点を当てることで感情から距離を置くことができ，かつ思考と感情との関連を意識させることで，必要以上にネガティブな感情に集中することなく話を展開することができる。

　ここでは不安を表すことが繰り返されて，さらに苦痛な状況に陥っていくと思われる際に，「頭の中での考え」に言及している。感情にさいなまれている A 氏には，当初は思考を表すことが難しいようであった。Th はどのような考え方があるかを例を示しながら教示している。ここでは，Cl が考えているであろうことを，Th から指摘したりヒントを出すのではなく，あえて Cl が考えていないこと，考えるはずもないことを例示している。このような例を出すと，Cl は通常それを強く否定する傾向がある。否定することによって自らの思考を意識しやすくなるのである。

　ここで注意すべきことは，うつ傾向のあるクライエントは自責的で自己否定的であるので，認知に介入する際に「その考え方は間違っている」というニュアンスを持たせないことである。クライエントの考えを受容的にとらえた上で，慎重に介入していく必要がある。

Ⅱ　事例２：慢性的な不安と対人関係の問題を抱える女性
——パーソナリティ障害の事例

　ここでは，慢性的な不安や抑うつ感，他者との関係でさまざまな葛藤を抱える女性の事例を提示し，認知に介入する工夫について論じる。診断的，あるいは病理的にはパーソナリティ障害に属する状態といえるが，元来この病態は精

神分析的心理療法が得意とする分野であった。そこに認知療法が参入し，最近では第3世代の認知行動療法と呼ばれるDBT（Dialectic Behavior Therapy：弁証法的行動療法）が適用となる病態である。

　このような病態のクライエントは，セラピストに対してなんらかの強い感情を向けることが多く，精神分析的心理療法ではポジティブまたはネガティブな転移現象と見なして治療的に活用してきた経緯がある。認知療法では，面接外で起こった出来事における認知を扱う場合と，今ここでの面接内で生じた認知を扱う場合があるが，このケースでは，まさに面接の中で起こった強い感情を伴う認知に焦点を当てて介入している。ここでは，精神分析的心理療法または力動的心理療法を基本的な面接方法としているケース展開の中で，認知的技法を取り入れていく場面を提示しながら統合的認知療法の用い方を解説していく。

【事例2：Bさん，27歳，女性，アルバイト】
　主訴：不安，気分の落ち込み，対人関係の悩み。
　現病歴：学生時代は比較的明るく元気な女性として過ごしていた。友人も多く勉強もそこそこにこなし，特に問題はなかったが，ときどき気持ちがふさぎ何ともいえない空虚感にさいなまれたというが，周囲に気づかれることはなかったようである。高校卒業後は技術系の専門学校に進学，やりたいことができて楽しかったが，授業や実習などの勉強が厳しく，とてもしんどかったということである。

　専門学校卒業後は契約社員として企業に入社し，技術職と事務職が半々ぐらいの業務についていた（1年ほどして退職。その後は断続的にアルバイトをしている）。当初から真面目に業務をこなしていたが，残業が続いたりして疲労が蓄積してきた頃からなんとなく意欲が低下し，不安を感じるようになった。その頃からかなり多くの友人との付き合いが続くようになり，気が合う人とは楽しく付き合えるが，価値観が相違したりタイプが違う人とは諍いを起こすようになった。異性関係も激しくなり，何人もの男性と関係を持っては仲違いをして別れるということを繰り返した。3年ほど前から気分の落ち込みと不安が強くなり，母親の勧めで精神科クリニックを受診，うつ病との診断で抗うつ薬

を投薬された。精神科医師はBさんの対人関係の激しさに対してさまざまな注意を与え，行動を制限したり異性関係を整理することを勧めるなどのアドバイスを与えたが，Bさんには納得がいかなかったようで，診察中も黙ってしまったり途中で診察室を飛び出したりしたとのことである。

　医師との相性が悪いと感じたBさんは他の精神科クリニックを受診したが，そこで社交不安障害との診断で精神安定薬を投薬され，一次的に少し不安が軽減するも大きな効果はなかった。その後も医療機関を変えることが続き，本セラピーが開始されるまでに4カ所の病院やクリニックを受診していた。

　2カ月前に恋人とのけんかをきっかけに抑うつ感が強まり，自室にて自傷行為（リストカット）をして母親に発見されるという事態が起こった。出血がひどかったため近医外科を受診し治療を受けたという。受診している精神科クリニックでも不調を訴え続けたため，主治医が心理療法が必要と判断し，筆者に紹介された。

【面接の経過】

　第1回面接：30分も早く来所し面接を待っていた。面接開始時は元気そうな様子でよく話し，ときどき笑顔も見せていた。現在困っていることを問うと，「なんとなく気分が滅入るというか，ときどきそわそわして落ち着かない感じ」という。現在困っていることやこれまでの問題の経過，今までにかかった病院などについて順次聴取していった。友人や恋人との人間関係での問題があるようで，普通に会話をしたり遊んだりしているのだが，別れてから空しい感じになったり，帰宅後にわけもなくイライラしたりするという。自傷行為について聞くと事実を淡々と話すだけで切迫感や悲壮感はなく，ときどき笑顔を交えて話す様子には違和感があった。唯一，両親について話す時（父親は厳しい人で母親は心配性で過保護なことなど）は，表情が暗くなったことが印象的だった。全体的にはよく話し明るい印象で，問いかけにもはきはきと答え，元気な様子であった。セラピストの目を見て身振り手振りも交えて話し，対人関係にあまり問題をきたさないような印象を1回目から受けた。ただ，ときどきセラピストを覗き込むような見方をすることがあり，対人距離が近い感じがするのと，相手の心の中の様子をうかがっているような印象を受けた。

第2回〜第9回面接：2回目以降も面接時の様子は変わらず，元気な口調で話す様子が続いた。現在は，電話対応のアルバイトを週3回程度しており，そこではマニュアルに沿って順調に業務をこなせているようであった。人と話をすることは得意だといい，自分に向いている仕事を選んでいて社会適応はよい状態との印象を受けた。恋人との関係は深まっているようで，より親密な関係性になっているようであったが，親密になり心身ともに距離が縮まると心理的に不安定になり，相手に感情をぶつけるとのことだった。自宅では特に問題なく過ごしており，母親とはよく話すが特に感情的になることもなく淡々としている様子であった。父親は仕事で多忙で帰宅が遅いこともあり，ほとんど会話はないという。

面接中は感情表現豊かによく話し，「ここでは何でも話せるし，よく聴いてくれるので話しやすい。いい先生でよかった」と言い，ときどき面接がよいものであるという評価の言葉が見られた。Thの側は，まだ本質的な話になっていないのに機嫌がよく，Thや面接をポジティブにとらえている様子に違和感を感じていた。

第10回〜第24回面接：比較的元気な様子で，さまざまな対人関係や仕事上の出来事を話すBさんであったが，15回目あたりから急に調子を崩し始めた。常に不安感があり，ときどきひどく気分がふさぐことがあると訴え始めた。どういう時に調子を崩すかを聞いても，よくわからないとのことであった。面接中も，Thの問いかけに対してしばらく沈黙したり不機嫌そうな表情になることが増え始めた。20回目からは5分〜10分程度面接に遅れることも見られ始め，時間内で十分話しきれないことに対し不満そうな様子が見られた。一方で，恋人との関係などの対人間は比較的うまくいっているようで，面接中のやや不穏な感じとは相反する状態であった。

少しずつ幼少期のことも語るようになってきており，幼稚園に通っていた頃の話をしている時に，意地悪な男児がいて何かとちょっかいを出してきたとのことであった。そのことを当時，家で母親に言ったことがあったのだが，母親は深刻に受け取らず「みんなと仲良くしなさい」という意味のことを言っただけだったという。その時の気持ちを聴いてもよく覚えていないということであった。母親は心配性で何かとBさんに関わってくるのだが，Bさんのその

時々の気持ちは理解してもらえなかったという。Th はその時の B さんの不安な気持ちや悲しい気持ちを指摘し，それが現在の恋人や友人との関係で生じる気持ちと関連していることを明確化する作業を行った。B さんは Th の指摘に対して「そうかもしれない」と答えるのみであった。

　第 25 回面接：調子の悪い状態が続き，面接中も言葉少なになってきた様子が続いていた。以下に逐語例を示す。

Th：ここしばらく調子が悪かったようですが，この 2 週間はどうでしたか。

Cl：ここ 2 週間ですか。(……) やっぱりあんまりよくないです。(①)

Th：どういうふうによくなかったですか。

Cl：(…ため息をつく…) なんて説明していいかわかりません。とにかくよくないんです。(②)

Th：そうですか。うまく説明できないんですね。とにかくしんどそうなことはよく伝わってきます。

Cl：(…長い沈黙…)。(③)

Th：ここに初めて来られた時と比べて，友人や恋人との人間関係は落ち着いてきているということですよね。その反面気分は悪そうで，それからこの面接中に特に気分を害しているように感じるのですが。(④)

Cl：(…) そうかもしれません。

Th：できれば，今考えていることを教えてもらえませんか。(⑤)

Cl：ですから，とにかく気分がよくないんです。何度も言っているのですが。

Th：何度も言っておられますよね。たびたび聞いて申し訳ないんですが，今，気分がよくないんですよね。その時に頭の中で考えていることをお聞きしたいのですが。(⑥)

Cl：頭の中でですか。えーと，(…) 考えたらイライラしてきます。何を考えてたかなんてわかりません。(⑦)

Th：イライラしてきますか。そうですね，たとえば今は「セラピストがせっかく大事なことを聞いてくれているのに，うまく答えられなくて申し訳ないと考えている」とか。それでイライラしているのですか。(⑧)

Cl：いいえ！　そういうふうには考えていませんよ。何度も同じことを聞かれ

るからイライラしてるんです！　（⑨）

Th：なるほど。私から何度も同じことを聞かれるからイライラしたんですね。
　　私がどういうつもりで質問したと思いましたか。（⑩）

Cl：そんなのわかりません。

Th：こうやって何度も聞かれることで，イライラしているのはわかります。た
　　だ，その時の考え方やとらえ方によっていやな気持ちになることもあるし，
　　違うとらえ方をすると気持ちも変わることもありますよね。いやな気持ちに
　　なっているのを少しでも楽に持っていってほしくて，このようなことを聞い
　　ていると思ってほしいのですが。（⑪）

Cl：それはもっと楽になりたいです。さっきは先生が興味本位で私の気持ちを
　　聞いてくるんだと思いました。お節介というか。

Th：ああ，私が自分の興味で聞いてるんだと思ったんですね。あなたのためで
　　なくて。（⑫）

Cl：ええ。

Th：それで，実際に私が心の中で思っていたのは？　（⑬）

Cl：先ほどおっしゃったように，私の気持ちを楽にするために治療の一環とし
　　て聞いていたということですよね。

Th：その通りです！　そのように考えたら気分はどうなりますか。（⑭）

Cl：うーん，ちょっとイライラはましですが，やっぱりまだもやもやしますね。

Th：少しましになるけれど，まだもやもやが残るわけですね。ところでここ何
　　回かの面接で，お母さんの話が出てきましたよね。その際，友人や恋人に自
　　分の気持ちを理解してもらえない時の気持ちと，幼稚園の頃お母さんに辛い
　　気持ちを理解されなかったことが似てると，私が指摘したと思います。（⑮）

Cl：そういえばそう言ってました。

Th：今，Ｂさんと私との間で起こっていることもそれに似ていると思います。
　　私がＢさんの気持ちを理解せず，興味本位で聞いてしまい，お節介で押しつ
　　けがましくなってしまったということでです。それはあなたのお母さんがあ
　　なたにしたことと同じということになります。（⑯）

Cl：先生が私の母と同じ？　なんだかピンときませんが，そうなのかな。でも
　　何か気分が悪いです。

Th：やはり，お母さんのことが絡んでくると気分がよくないみたいですね。そしてその背後に，自分のことを理解してもらえない，押しつけがましく自分の中に入ってくるのがいやだという考えがあるようですね。

Cl：たしかにその通りだと思います。それでいやな気分になるのか。どうしたらいいんでしょうか。こんな気分が続くのはいやです。

Th：苦しい気分が続くのはいやですよね。今Bさんは，私が心の中で考えていることを誤ってとらえていて，私の本当の考えがわかったことで，少しイライラが収まりましたよね。出来事へのとらえ方が変わると，気分や感情も変わることがわかったと思います。

Cl：ええ，たしかに。

Th：でも，少し気分が変わっただけで，まだいやな気持ちは多く残っていましたよね。小さい頃に繰り返し起こった気持ちは心の中に積もっているので，そう簡単には変わるものではありません。何度も同様にとらえ方を確認して，そのたびに正確なとらえ方に変えていくことで徐々にそのとらえ方は変わっていくと思います。今言っているとらえ方というのは，心理学では思考とか認知とかいうのですが。

Cl：何度も繰り返して確認して，その思考というのを変えていくと，少しずつ変わってきて気持ちも楽になっていくということなんですね。なんだか勉強や運動の練習みたい。

Th：そうです！　練習やトレーニングみたいなものですね。わかってもらえてうれしいです。（⑰）

Cl：ふふ。（微笑む）

Th：こうやって今起こっている出来事を話してもらい，かつて経験した出来事とつなげて，気持ちや思考をとらえ直していくことで，もっと理解が深まっていくと思います。これからこんなふうに話し合っていくのはどうでしょうか。

Cl：うーん，お母さんやお父さんとのことを話すのはあんまりうれしくないですが……。

Th：そうだと思います。あまり思い出したくないですよね。無理に話していただくことはありませんが，その時々で，できる範囲で振り返ってもらえれば

110

と思います。

Cl：それならやってみようかな。

Th：前向きに考えていただけてうれしいです！　（⑱）

Cl：（微笑む）

【本セッションの解説】

　このセッションでは，当初は比較的元気で明るく話していたＢさんが，徐々に気分が低下し不機嫌な様子を見せ始めた状況となっている。Th の問いかけに対しても，沈黙したり，投げやりで少し怒っているような言い方をし続けている（①，②，③）。Th は④で，今までの状況と今の様子の違いを明確化する指摘をしている。

　そして⑤，⑥で今考えていること，すなわち思考についての問いかけを始めている。

　通常，このケースのような感情優位のクライエントに思考を尋ねても，すぐ出てこないことが多い（⑦）。このような場合，無理に思考について聞き続けるよりも，あえてクライエントが考えていない思考の例をあげると（⑧），それに強く反対することでクライエント自身の思考を表出しやすくなる傾向がある（⑨）。感情的な反応をあえて引き起こすことで思考を導き出すわけである。その際，感情的で抵抗を示すクライエントの反応に注意し，受容的，共感的に対応することが肝要となる（⑩）。

　また思考に焦点づける際には，認知と感情や行動が関係し，思考が感情と行動に影響を与えることを，心理教育を通して伝えてクライエントに理解を促すことが有効である（⑪）。こうすることで，認知に介入することの有効性を理解させて，動機づけを促すことになるからである。

　そして次に続くやりとりで，Ｂさんの考えていたことと現実（Th が思っていたこと）が異なるということを証拠として示すことで，認知の変容を促している（⑫〜⑭）。その後に続く，母親との関係と今ここで起こっている Th との関係が類似していることの指摘は，そのまま精神分析的心理療法で用いる転移解釈ともなっている（⑮，⑯）。このように過去の体験と今の対人関係を結びつける転移解釈を行いながら，同時に今現在の思考を確かめ，そのまま変容

を促す認知変容法を用いているわけである。

　心理教育や認知変容をする際に，クライエントの理解に対して評価し励ますようにする（⑰，⑱）。クライエントは自分の反応が強化されることで気分がよくなり，さらに思考を探索することに対して動機づけが高まり，積極的にその作業を続けることが期待される。このセッションではBさんは，転移感情からくるThへの怒りや自らの思考や感情に介入されることへの抵抗を強く示しており，面接場面が緊張をはらみ対話の流れが滞る局面が何度も訪れている。その都度ThはBさんのネガティブ感情を受け止め，共感的理解を示すことで抵抗の強まりを防いでいる。感情的反応が強い傾向にあるクライエントに認知的介入を行う時は，このような治療関係についてのThの理解と技術が特に必要になる。

【その後の面接】

　前回のセッションで初めて認知への焦点づけによる面接を受けたBさんは，それまでのような強い抵抗感情は減少し，比較的穏やかに面接を続けるようになった。対人関係でうまくいかない時に感情的になり，特に恋人と言い争う傾向は続いていたが，破局的な展開にならずにすんでいるようであった。

　セッションで母親との関係を扱ったことから，母親に対してネガティブな感情があることを意識するようになり，母親からあれこれ言われることに対して「うるさいなあ」，「放っといてよ」という言葉が出るようになり，それに反応した母親と言い合いになることがあるようであった。思いあまった母親がBさんと一緒に一度面接に現れたことがあり，母子別々に面接した際に，Bさんが反抗的になり機嫌が悪く，不安定になっていると訴えた。Thからは，今まで言いたいことを言わず抑えてきた感情が，母親を含めいろいろな人に対して表出されるようになったこと，感情を抑えたことで本人にも理解できない心の苦しみを味わうよりもそれを出させる方がよいこと，思春期〜青年期の子どもの成長として望ましい変化であることを，母親の心配と苦労をねぎらいながら伝えた。母親はやや不満そうな表情を浮かべることもあったが，子どもの成長のためなら仕方がないし，今後も子どものためにThにケアをゆだね，家庭で見守っていくとのことであった。Thは母親の理解に感謝の意を伝え，今後も

Thと家族が協力してBさんの成長を促すことで合意を得た。

　Bさんとの面接では，友人や恋人との葛藤が生じた時に，母親に向けてきた気持ちと同様の感情が起こっていることを繰り返し確かめていった。またその時の気持ちに関係している，相手へのとらえ方や考えていること（たとえば「私の気落ちを無視して相手の思う通りにしようとしている」，「自分の気持ちを少しも理解していない」などの自動思考）に気づき，その場にふさわしい思考（たとえば「相手の人は必ずしも私を思い通りにしようとしているのではなく，ただ自分の意見を言っている」，「気持ちを理解してくれない人も中にはいるが，多くの人はそれなりにわかってくれているし，少数だが私の気持ちを深く理解して助けてくれようとしている人もいる」など）に変えていくことができてきた。

　Bさんはときどき不安感や抑うつ感を訴えるも，対人関係での葛藤の元にある力動を理解することが定着し，安定した対人関係を持つことができるようになってきた。それに伴い，今まで転々としてきた仕事（アルバイト）についても，同じ職場で長く続くようになった。対人関係での葛藤があると，ときどき感情的になり少し不安定になることはあるが，Thが受容的に聴き，今までの面接での気づきについて言葉にしていくことで，現在の対人関係と過去の経験からなぜそう感じ，考え，ふるまうかをつなげることができ，また心の安定を取り戻すといった状況が続いた。

　セラピーを開始して2年たった頃，Bさんに新しい恋人ができた。今まで恋愛をするたびに不安定になり調子を崩していたが，今度の恋人にはあまり依存的にならず，普通の恋愛関係でのけんかをする程度となり，けんか後も比較的早く関係が安定し，長く続いている様子だった。恋愛関係がさらに良好になるにつれBさんの状態も安定し，仕事も順調とのことで約2年半，70回ほどの面接で終結となった。

【事例2のポイントとアドバイス】

　この事例のクライエントは，幼少期から学生時代は比較的明るく友人も多く，一見元気に見える女性であった。一方でときどきわけもなく落ち込むことがあり，その背後には自己不全感や空虚感が存在していると思われた。仕事な

どの社会的な役割は一応果たせているのだが，負担が少し過剰になると疲れやすくなり，それと同時に対人関係上でも不安が生じたり気分がふさぐ（抑うつ感情が発生する）こととなっていた。怒りや依存的な心情などは無意識の奥深くに押し込められており，その防衛構造の表面には適応的な行動様式が存在している。それゆえ，セラピーを始めた初期においては Th への反応も適応的で，ポジティブな関係性を保つことができている。時には Th やセラピーそのものを理想化し，ポジティブ感情を向けてくるため，Th も自己愛を刺激されてよい気分を喚起され，結果的に順調にセッションが経過するように感じられる（第2回〜第9回面接）。

　ところが無意識下に排除されている感情があるので，順調に進んでいるように見えるセッションにもネガティブな感情が潜在している。Th が受容的に接し防衛が緩んでくると潜在していた本来の感情が表面化してくる。それはたいていネガティブな感情となって現れる。その背後には，幼少期の親または親代わりの大人とのかかわりによる葛藤が存在する。このケースでは母親との関係において生じた感情が潜在しており，それがそのまま治療関係においても再現されることとなった。

　このセラピーの展開においては，特にセッション中に生じた Th へのネガティブな感情に焦点を当てている。セッションの初期は Th に対してポジティブな感情を向けていたので，反転してネガティブな感情を向けられると Th は戸惑うかもしれない。しかし，セッションでの様子から，ある程度潜在している感情や行動パターンが予測できるので，精神病理水準のアセスメントをしておくことでネガティブ反応を向けられた時も適切な対応ができる。Th の治療的態度を安定させるためにもアセスメントは非常に重要となる。

　Th へのネガティブ反応の背後には，怒りや憎悪のような激しい感情が含まれているので，感情に焦点を当てすぎるとさらに不快感情が喚起されることが多く，治療抵抗が生じやすい。そこでそのような深い感情に付随している思考に焦点づける（焦点をそらす）ことで，Cl は自分の心理状態と少し距離を置くことになり，必要以上に感情的になることなく対話を続けることができる。ただ感情優位の Cl は思考に焦点づけることは苦手なので，思考をとらえることのメリットやその例を心理教育の形で伝え，Cl によく理解し納得してもら

うことで，動機づけを高めることが必要である。

　加えて，このケースのように防衛されていた不快な感情に触れる際に，でき
るだけ Cl の抵抗を喚起しないような工夫が必要である。上記で述べた思考へ
の外在化も有効であるが，何よりも気分を害している Cl への共感が重要であ
る。触れたくない感情に直面している Cl の苦痛に Th が気づいて，苦痛に感
じる気持ちを受け入れ共感することで，Cl の苦痛感が減少し，理解されてい
るまたは支えられているという感覚が生じる。いかなるケースにおいても，こ
の症例で例示したような受容，共感的態度は必要であり，心理療法の必要条件
であることは何度も強調したいところである。

　このケース提示は，主として精神分析的心理療法をオリエンテーションとし
ているセラピストを念頭において，認知的要因に介入するポイントについて指
摘した。基本的な技法は明確化，直面化，解釈といった典型的な精神分析の技
法であるが，それに加えて認知的側面への注目，認知的心理教育，思考を探索
するための動機づけの促進といった技法を適用することによって，いたずらに
治療抵抗を引き出すことなくセッションを進めることができる。本ケースのよ
うな境界性パーソナリティ構造の Cl には，精神分析的心理療法が有効である
ことは実証されている（Cooper, 2008）。ほとんどの精神障害の治療効果につ
いては，認知行動療法および対人関係療法が有効であるとされるエビデンスが
多いが（Chambless & Hollon, 1998），パーソナリティ障害（特に境界性のよ
うな中核的な病態）のように複雑な病理メカニズムを持ち治療内での反応が強
く出る場合は，どのような心理療法を用いても展開が難しいものになるので，
結果人格の深部まで丹念に探索し介入する精神分析的心理療法の有効性が確認
されるのだろう。エビデンスを中心とする現代の心理療法の世界では軽視され
がちな精神分析療法を，人の心の深いところを支え介入する優れた技法である
と再評価し，そこに現代的な認知面への介入を加味することで，時代に合った
心理療法サービスを提供することが望ましいであろう。

Ⅲ 事例3：仕事や対人関係のとり方に葛藤を感じる男性
——発達障害の事例

　ここでは，不安や身体症状よりも日常の生活内での行動や対人関係，仕事や学業での不適応感が前景に出るいわゆる発達障害圏のクライエントへの介入について述べていく。発達障害については近年（本書執筆時の 2019 年現在）大きなトピックとなっており，特に子どもの認知・行動上の問題としてクローズアップされ，メディアやマスコミも好んで取り上げ，教育・福祉上の観点からも国や地方自治体レベルで支援体制が強まっている。幼児や学童の場合はプレイセラピーや行動療育，親ガイダンスが中心的な支援となるだろうが，成人にも発達障害圏のクライエントは多く，かつては統合失調症や適応障害と診断されていたクライエントの中に，相当数の発達障害が含まれていたといわれている。

　事例1や2とは異なり，発達障害は気分や情緒の問題よりも認知や行動の問題が前景に現れることが多い。認知の問題となると，まずは認知療法が提唱する認知変容が効果的であると想定されるが，もともと認知療法はうつや不安などの気分，感情の障害の治療として考案されているので，発達障害の治療にそのまま適用できるほど事態は単純ではない。たとえば自閉症スペクトラム障害の固執性やコミュニケーションの不備，あるいは注意欠如・多動性障害の注意障害や多動などの問題に対しては，個人と環境との相互作用の問題との見立てから，刺激制御や強化などを技法とする行動療法による介入が第一選択となることが多い。ここでは厳密な意味での行動療法ではないが，主に行動面に焦点を当てた支持的心理療法を行う中での，認知面への介入を有効的に行った事例を提示する。

【事例3：Cさん，30 歳代前半，男性，社会福祉系専門職】
主訴：仕事がうまくいかない。
現病歴：幼少期はおとなしい子どもで，小学生〜中学生時代は少数の友人がいる程度であったが，それほど問題なく過ごした。勉強ができて，特に文科系

の科目の成績がよく，受験勉強もがんばって社会福祉学系の大学，大学院に進み，専門的な技術を習得して社会福祉系の企業に就職した。

　仕事を始めてからは，技術的な業務は多少時間がかかりながらもそれなりにこなしていたが，入社半年ほどして上司や先輩社員との関係に悩むようになった。仕事のやり方について上司から注意されたり，同僚からも変わり者扱いされ馬鹿にしたような態度をとられるようになり，苦痛感が増したという。大事なプロジェクトの業務をうまく処理できず，上司に叱責されたことをきっかけに不眠となり，吐き気などの身体症状も出てきて出社困難になり，月に数回休むようになった。

　家族の勧めで近医精神科を受診，適応障害との診断を受け抗不安薬を投薬された。飲むとぼーっとするだけで特に効果を感じないという。半年間ほど定期的に通院したが状態が変わらないため，家族が心配してよい治療法がないか探し，カウンセリングのある総合病院を受診し筆者担当となった。

【面接の経過】

　第1回面接：予約時間ほぼちょうどに来院し，やや厳しい表情でこり固まった姿勢を保ちながら面接が始まった。自分では一生懸命仕事をしているのだが，なぜかうまく進まず周りともうまくいかないという。勉強は昔からよくできた方で，試験前などそれなりに勉強したらテストの点がよかったため，困ることなく学生時代は過ごしてきた。社会人になってから，真面目に仕事に取り組んでいるにもかかわらず，うまく進まないことに焦りがあり，周りからも辛くあたられるのは納得いかないということだった。

　Cさんは途切れることなく近況や学生時代のことを話すのだが，話し方は単調で感情表出も少なく，スムーズなコミュニケーションがとりづらい状況であった。

　Thが共感的応答をしても特に反応することがなく，一方的に自分の話を続けることが多かった。過去のエピソードや現在の主訴，対人関係のあり方，面接でのコミュニケーションの様子から，発達障害（自閉症スペクトラム障害）圏のクライエントであるという見立てを行った。精神科では適応障害との診断であったようだが，このようなケースでは精神科医も発達障害の疑いをもつこ

とが多いようである。

　このような見立てから，Ｃさんの独特の思考の固さや対人コミュニケーションの困難さがうかがわれ，感情や認知に介入するよりも行動面に介入することで効果が上がることが予想された。そこで今後の面接では行動療法的介入を前面に置き，時機に応じて感情や認知への介入も行うという方針を立てた。

　第２回面接：第２回目も前回に続いてほぼ同じような訴えであった。やはり，一生懸命仕事をしているのにうまくいかない，周りからは責められるという不満が続いた。顔は無表情であるが，時折興奮して頭を抱え声を荒げるといった様子も見られた。ところがその後すぐ，たった今見られた興奮が収まり，何ごともなかったかのようにまた淡々とした口ぶりで同様の会話を続けるのであった。

　このような様子から，Th は傾聴しつつも共感的応答は控え，事実の確認と状況の整理をすることを心がけた。語っている本人は不本意なのだが，対人関係のパターンは常に同様であることがわかってきた。すなわち，Ｃさんは真面目に眼前の仕事を全うしようとして真剣に取り組む。しかし周りの人はＣさんの独特の固さや通り一遍の対応に違和感を抱き，仕事の遅さや接客のまずさが目について，Ｃさんには直接言わずに仲間内で陰口を言い合ったり上司に苦情を告げる。そして，上司が思いあまってＣさんに注意をする，というパターンである。Ｃさんにとってみれば，一生懸命真面目に業務を行っているのに，注意を受けることが納得できず，仕事の遅さやちょっとした失敗を具体的に言われると，自分のふがいなさに気づいて愕然として落ち込むのであった。

　Th はＣさんが説明する状況や行動をよく聴いてまとめ，仕事のやり方や人との関係のとり方の不備について振り返って，その行動のあり方を変えていくことを目標とすることを伝え，Ｃさんの了解を得た。

　第３回～第６回面接：その後もほぼ同じ訴えが続き Th は傾聴に努めたが，感情に焦点を当てることは極力控え（つまり共感的応答は多用せず），語る内容の把握と明確化を中心とし，特に行動面（対人関係上のやりとりや仕事，生活上の活動など）に焦点づけることを続けた。その結果，以下のような行動パターンを見出すことができた。

- 話し方の独特の固さ

  話す相手との関係で柔軟に対話することができず，形式張った独特の話し方をする。相手側はその固さに違和感を抱くことが想像できる。

- 相手の話に合わせることの困難さ

  話す相手の言動や問いかけに対して，その文脈を読んで当意即妙に応答することができない。そのためぎくしゃくした会話になり対話が続かず途中で止まってしまう。ここでも対話の相手はCさんのコミュニケーションのとり方に違和感を抱くだろう。

- 定型的な行動パターン

  生活上や仕事において，常に決まったパターンの行動をとる。たとえば，いつも同じ時間に起床し同じ時間に出勤する。仕事がある日は多くの勤務者も同じであろうが，休日においても起床時間や出かける時間，行く場所（スーパーや図書館）も同じで帰宅時間も同じである。週に数回行う散歩も同じ道を通り出発，帰着も変化はない。儀式的とも思えるこのような行動パターンは，生活や仕事，対人関係のあらゆる場で見られるものである。

　Thからはこのような行動をとりわけ指摘することはせず，その定型的な行動パターンから発達障害（自閉症スペクトラム障害）の見立てを確認し，介入法を確定していく参考とした。

　Cさんはストレスは感じながらも仕事を休むことはなく，日々の業務を懸命にこなしていたが，ある時勤務する社会福祉施設の利用者からクレームがきた。その内容は，利用者の訴える困りごとへのアドバイスの中で，間違った情報を与えたとのことであった。利用者からのクレーム時にちょうど上司がいたのだが，日ごろからCさんの仕事ぶりに不満を持っていたこともあり，その場でCさんを強く叱責したのだという。Cさんはこの出来事で強く落ち込み，仕事への自信を急激になくしていった。Thは一連の経過を聴きながら，受容しつつも，この状況について，どのような間違いをしたのか，誰がどう言ったか，やりとりの順序はどのようであったかを確認していった。その結果，やはりCさんのコミュニケーションは柔軟性に欠け，対話の相手からも違和感を持

たれるようなパターンを示していたことがわかった。Th からは，つらい気持ちは受容しつつ，相手方の行動や言動に対して適切な対応法を伝え，できる範囲で実行してもらうよう依頼した。Th から伝えた行動上の示唆は以下のようなものであった。

- 主語，述語などを丁寧に構成して発言する傾向があるが，相手からは固苦しく感じられる可能性がある。「ええ」，「そうですね」，「わかりました」などの合いの手を入れて会話するとスムーズに感じられる。
- 相手の発言に対して，「なるほど」，「それはいいアイディアですね」，「私もそう思います」など肯定する言葉で返すと，相手も話しやすくなる。
- いつも決まった言い方や一定の行動をするよりも，ところどころでやり方を変えて行動する。
- 一本調子で台本を読むような言い方ではなく，適度に抑揚をつけて感情を込めた話し方をする。

　以上のような示唆を得て自らの行動パターンを変えるのは容易ではないようであったが，Th からのアドバイスは忠実に守り少しずつ実行しているようであった。

　第7回面接：仕事の状況は大きな変化はなく，これまでと同じような訴えを続けていた。行動への介入に加えて認知面に焦点づけて介入した様子を以下に逐語で示す。

Th：人間関係についていろいろ話し合い，うまくこなすためのアイディアもお伝えしましたが，実行できていますか。(①)

Cl：ええ，おっしゃったことをやるように心がけています。

Th：やってみてどうですか。うまくいくでしょうか。

Cl：そうですね。うまくいく時といかない時があります。

Th：というと？

Cl：うまくいかない時は……，この間職場で，先輩社員から注意されて，経緯

を説明しようとしてて……。（頭を抱える）（②）

Th：どうしましたか。

Cl：ああだめだ。うまくやろうと思うんですが，どうやってもうまくいかないんです。やっぱりだめなんだ！（③）（…2分ほど沈黙…）

Th：うまくやろうとがんばってるけど，思うようにいかないのですね。

Cl：そうです！　そうです！　やっぱり僕は何をやってもだめなんだ。

Th：（Clの興奮に少し戸惑いながら）ちょっと時間をとって気持ちを落ち着けましょうか。深呼吸できますか。ゆっくり，深く息をしてみてください。（④）

Cl：（3分ほどかけて徐々に落ち着く）

Th：どうですか。少し落ち着きましたか。

Cl：（……）ええ，まあ。

Th：今「何をやってもだめだ」とおっしゃいましたが，もう少しそのことについて話してもらえますか。（⑤）

Cl：どういうことですか。（⑥）

Th：何をやってもだめだ，という考えは，どんな状況で起こって，そう考えた結果どんな気持ちや感情が起こるかということです。

Cl：どんな状況で，どん気持ちが起こるか，ですか。（⑦）

Th：そうです。答えるのは難しいでしょうか。（…しばらく待つ…）たとえば，「毎日散歩する時に，今日も予定通り歩けない，散歩もできないし何をやってもだめだ」と考えて落ち込むのでしょうか。（⑧）

Cl：いいえ。散歩は毎日してますけど予定通り歩いてます。前にも言いましたよね。（⑨）

Th：そうおっしゃってましたよね。どうも失礼しました。（⑩）

Cl：いいえ。

Th：ではどんな時に，どのように考えたのでしょうか。

Cl：それは，仕事で失敗した時に，またやってしまった，何をやってもどんなことをしてもうまくいかないんだ，と考えました。（⑪）

Th：その結果どんな気分になりますか。

Cl：もうどうしようもない気持ちになりますよ。この世の終わりみたいな。（⑫）

Th：何をやってもうまくいかないと考えたら，そういう気持ちになりますよね。では，そう考えなかったら，あるいは別の考え方をしたらどうなるでしょうか。

Cl：別の考え方？　それは思い浮かびません。

Th：たとえば，うまくいかないこともあったけれど，数は少ないけどうまくいったこともある。振り返ってみたら結局はどちらでもないことがほとんどだった，と考えたなら？　あくまで一つの例ですが。（⑬）

Cl：それはそう考えたら楽ですよ。でもそう思えないから辛いんです！（⑭）

Th：そうですよね。簡単にそういうふうには思えないですよね。これは認知療法といって，もののとらえ方，考え方が不快な感情に影響するということがわかっています（図示して説明する）。そして，この自動思考と呼ばれる考えや，もっと奥底にある信念やスキーマと呼ばれるものを合理的な形に修正していくと，少しずつ練習効果が出て認知が変わっていくのです。今まで多くの方がこのやり方で少しずつよくなっていかれています。（⑮）

Cl：はー，そういうものなんですね。やってみたいと思います。

Th：わかっていただけてよかったです。前向きに考えていただいたようでうれしいです。

Cl：ええ，まあ。

【本セッションの解説】

　このセッションでは，Cさんの特徴は変わらず，一本調子の言い方や同様の訴え，自己へのネガティブなとらえ方が続いていた。ここまで行動を中心に介入をしてきて，ここでもその結果を尋ねている（①）が，Cさんはここで動揺したようで強い感情的反応を示している（②）。そして，「どうやってもうまくいかない。やっぱりだめなんだ」という自動思考を表明している（③）。

　ここでCさんは2分ほどの沈黙状態に入るが，おそらく頭の中ではこのような自動思考と不快な感情とが，ない交ぜになっているものと思われる。ここでThが介入をしばらく控えているのは，混乱状態にあるCさんには，すぐ介入しても心に入らないと判断したからであり，混乱状態を脱するのを表情や体動の様子から見計らって，言葉をかけているわけである。その後も混乱は続くの

で，Thはリラクセーションを導入している（④）。リラクセーション訓練には自律訓練法，漸進的弛緩法，腹式呼吸法などの定型の技法があるが，ここでは深呼吸を連続して行わせる簡易な方法にとどまっている。発達障害圏のクライエントはこのような簡易な方法を用いても比較的適応する傾向がある。

少し落ち着いたところでThは思考への介入を始めている（⑤）。Cさんはすぐには思考をとらえることができない（⑥，⑦）が，これは発達障害に特有の思考の固さによるものである。Thは少し待った後，あえてCさんが考えていない思考をあげて反応を引き出そうとしている（⑧）。Cさんは予想通りThがあげた思考の例を否定し，反発するような言葉を発している（⑨）。Thは即座に謝罪し（⑩），続けて思考への介入を続けている。感情障害圏（たとえばうつ病や境界性パーソナリティ障害）のクライエントとは異なり，発達障害圏のクライエントは感情レベルで反応することが少ないので，このような対応をすることで滞ることなく面接を続けることができる。

Cさんはこの後，少しずつ思考にアクセスし始めるが（⑪，⑫），再びThが適応的思考の例をあげると（⑬）抵抗の言葉を発している（⑭）。ここでThは，認知モデルについて心理教育を行っている（⑮）。Cさんは真剣に聞いてくれて理解，納得したように見える。発達障害圏（特に自閉症スペクトラム障害）のクライエントは，順序立てて論理的にモデルを提示されると理解しやすく，それを忠実に実行しようとする傾向がある。この傾向自体が病理的ではあるのだが，その特徴を利用することで面接のプロセスをスムーズにでき，結果的にクライエントの利益に資することになる。

【その後の面接】

その後しばらくCさんの訴えは相変わらずで，仕事上の不手際や対人関係がうまくいかないことなどを中心に自己否定的な言葉を述べていた。Thはそれを傾聴した上で，粘り強く認知モデルを提示しつつ心理教育を続けていった。第10回面接を過ぎる頃から，Cさんの認知モデルへの理解が深まるにつれて，自らの思考の特徴，つまり考え方のクセに気づくようになり，「またいつもと同じとらえ方をしていますよね」といった言動も聞かれるようになった。認知モデルという考え方が気に入っているようで，よく「認知モデルでいうと～」

と自ら説明口調で話すこともあった。

　25回面接を過ぎるあたりから，自らへの否定的な評価をした時にその思考パターンに気づくようになり，合理的な思考に修正することができるようになってきた。それは以下のようなものであった。

［否定的な思考］		［合理的な思考］
「自分は失敗ばかりしてきて，これからも何をやってもうまくやれない」	➡	「失敗ばかりでもなく，うまくやれたこともある。これからもいろいろな結果になるだろう」
「前の職場の上司に完全に否定された。そのことばかりが浮かんできて辛い」	➡	「その上司は今はいないのだからもう言われることはない。今後会う上司がどう言うかはわからない」
「今までの人生がまったくだめだったのだから，今後生きていても絶望的だ」	➡	「今まですべてがまったくだめだったわけではないし，今後のことはまだわからない」

　このような形で自動思考に気づき，合理的で現実的な思考に修正していくことが少しずつできるにつれ，不安や抑うつなどの不快な感情も減弱してきたようであった。30回目面接（セラピー開始から1年少しの経過時点）では，「少しは楽になった気がする。考え方で気持ちも変わるものなんですね」との言葉が聞かれた。

　Cさん独特の一本調子な話し方や固定的な行動パターンは大きくは変わらないながら，ネガティブな思考様式は変化してきて，苦痛感は少しずつ減ってきたようであった。職場での対人関係も以前の様子とは違ってきて，比較的スムーズに同僚や上司と会話できたり，業務を遂行する時のぎくしゃくした感じもなくなってきて，順調に日々の仕事をこなせるようになってきた。

　主訴は解消してきたので，面接の終了も考えられたが，Cさんの方から終了したいとの希望は聞かれず，毎回時間通りに面接に現れ約2年間一度も休まず来所し続けた。ときどき「カウンセリングに来て助かっている」，「Thに理解してもらえてありがたい」などの感謝の言葉も聞かれた。その後Thの空き時

間の都合もあり，月1回程度の面接となり終結することなく3年以上継続している。

【事例3のポイントとアドバイス】

　この事例のCさんは，元来真面目でものごとに一生懸命取り組む姿勢を持ち，勉強や仕事についても一定の成果を上げることができる人である。本人は物事に対して常に真摯に，真正面から取り組んでいるのだが，そのまっすぐさゆえに他者から違和感を持たれていることに気づかないので，対人関係がうまくとれないことが理解できない。まさにこれこそが発達障害（とりわけ自閉症スペクトラム障害）の所以であるが，このことに気づいてもらうために心理教育的に関わることがまず先決となる。

　クライエントの話を聴く時はもちろん傾聴の姿勢を保つことが基本であるが，情緒的な柔軟性に欠けるので共感的に関わっても自己の感情への気づきはなく，感情を深めていくことも難しい。つまりクライエント中心療法でいうところの人格変容のメカニズム（Thの共感的かかわりによる，クライエントの自己受容や自己一致の発展）が達成されることはきわめて困難である。それゆえ受容的でClを尊重する聴き方を続けながらも，過度に共感的に応答することは避けた。

　前述のように，発達障害圏のクライエントは認知のありように独特の固さが見られ，通常の認知変容的介入を行っても奏功しないことが多いため，セラピーの初期は認知面への介入を避け行動面に介入することが有効となる。ここでは厳密な意味での行動療法的介入ではない[注10]が，Cさんに特異的な行動（話し方，応答の仕方）について指摘し，それをもっと柔軟な方向に変更することを促すことで，Cさん独特の行動パターンの変容を試みている。その結果，容易に行動変容することは難しかったが，Cさんらしく律儀に実行する姿勢を見せ，少しずつではあるがそれらの行動も変化していった。

　第7回面接でいよいよ認知面への介入を試みた。日常のストレス状況を聞いていくうちに，自己否定的な言動が強い感情を伴って現れている。ここで自己否定的思考という認知にすぐに介入するのではなく，リラクセーションを促すことで身体感覚面に焦点を当てている。「心の理論」[注11]を十分に持たない発

達障害傾向のあるクライエントは，他者の心をうまく推測できないと同時に，自分の心の状態をモニターすることが苦手である。このセッションではCさんの内面の感情や思考には焦点を当てず，まずは身体感覚面，行動面に介入することで面接の流れをスムーズにしている。

　少し落ち着いたところで認知への介入を始めているが，直接自動思考を問うような質問には答えられず不快感を示す。そこで，あえてCさんが考えていないような自動思考を例示するとCさんは強く反発するが，即座に自分の自動思考を言葉にしている。一見不快感を与えているようであるが，この反発心を利用して自動思考に気づかせ，言語化することに成功している。発達障害圏のクライエントは，情緒障害圏のクライエントに比べてこのような不快感情が後に引かず，治療関係を損なうことは少ないことは，多くのセラピストが経験していることである。

　また逐語解説（p122）で述べたように，順序立てて論理的に説明する心理教育には適応がよく，素直にとらえて理解を深める傾向がある（Gaus, 2007）。感情に訴える度合いを少なくし，画一的な説明による介入を用いることが有効になる。

注10）先行刺激−行動−結果刺激の３項随伴性について機能分析し，それをもとに技法を選択して適応していないということである。詳しくはp10-12の行動療法の考え方と方法を参照のこと。
注11）ヒト（やチンパンジーのような高等な動物）が，他者の心の状態，つまり他者の感情や意図，思考，信念などを推測することができる機能を指す。ヒトの場合は，４歳を境に獲得することができるとされている。

終　章

学派の垣根を越えて
——「統合的認知療法」のこれから

　本書では従来の心理療法（精神分析的心理療法やパーソンセンタードセラピー，ブリーフセラピー，あるいはそれらを折衷的に用いている場合）に，認知療法の方法を加味して，より有効な面接を構築することを目指して論じてきた。現在そのセラピストが行っている学派の心理療法を否定することなく，基本的な面接のスタンスは変えずに，認知療法で使用される技法を有効に適用していくということである。

　現在我が国では，認知行動療法を臨床場面で使うことが増えてきており，都心部を中心に主流になりつつあるが，日本では伝統的に精神分析療法やクライエント中心療法が心理療法の主流であり，次いで行動療法や交流分析療法，ゲシュタルト療法，家族療法などが一部の臨床家により適用されてきた。認知行動療法はその効果性，効率性，汎用性で他の方法よりも優れているようだとの認識は，多くの臨床家が持っていると思われるが，やはり今まで馴染んできた方法に愛着があるだろうし，認知や行動というと精神分析療法のようには深みがなく，クライエント中心療法のようには人間的でないとの思いがあることは，筆者の耳にもよく入ってくる。おそらく，やや曖昧で奥ゆかしく内向的な日本文化の中で育った我々には，明確さに長け積極的に変化を求める認知行動療法は，どこか抵抗を感じるのだろう。それゆえ，今までの伝統的な方法を捨てて新しい明確な方法に切り替えることを強制しても徒労に終わるであろう。伝統や愛着を大切にしつつ，有効でクライエントの役に立つ援助を求めることを目標とするのが本書の意図であった。

　終章では，これまで述べてきた統合的認知療法をまとめつつ，心理療法に認知療法的方法を加味することにどのような意義があるのか，その長所と短所は

何か，またこのような考え方をすることにはどのような歴史的経緯があるのか，そして今後，統合的認知療法はどうなっていくのかについて考察していきたい。

Ⅰ　心理療法に認知療法の方法を加味することについて

　ここまで読んでこられた読者は，従来のさまざまな心理療法に認知療法的技法を加える方法について理解されているだろう。その有効性を理解できる人もいれば，率直には受け入れられない人もいると思われる。セラピストは心理療法の方法を選択する際に，次のようないくつかのパターンにわかれるだろう。それは，かつて自分が学習した学派の方法を生涯にわたって使う場合，あるいは一つの方法を基準として部分的に他の方法を加味する場合，そして特に一つの学派の方法に与することなく，多くの学派の方法を統合的または折衷的に活用する場合などである。このような複数の実施法があるが，それらに共通するのはクライエントの問題を解消するのに有効であることだと思われる。ここでいう問題とは，それまでクライエントを苦しめていた症状，乗り越えられずに困っていた問題，漠然としているがそのクライエントにとっては苦痛で取り除きたい状態，などである。

　問題解決を促進する方法にはいろいろなものがあるが，これまでに述べてきたように，認知（思考）に焦点づけて介入することは，クライエントにとって最もアクセスしやすいこと，（無意識や行動，自己といったものよりも）意識レベルに近い要因であること，変化を起こしやすい性質をもつことなどの理由により，最も有効に作用するという利点がある。認知療法が日本に導入され始めた当初，ある著名な精神科医が筆者に「人の考え方に焦点を当ててそれを変えさせるような，そんな単純な方法が通用するわけはない」と言ったことを覚えている。それほどに，認知変容という方法は常識的すぎて心理療法的ではないと思われたのだろう。当時（1990 年頃）の主流であった精神分析療法，行動療法のような，どちらかといえば込み入った理論と方法を持つ心理療法と比較して，そう感じるのはもっともである。しかしその後の，我が国における認知療法の浸透と盛況さは周知の通りである。もっとも欧米（特にアメリカ，イ

ギリスなど西欧諸国）では1970年ぐらいから現在に至るまで，他の心理療法を凌いで認知行動療法がダントツに適用されてきた経緯がある。それは精神分析療法のように無意識内の複雑な力動関係を解釈したり，行動療法のように心的内容を括弧に入れて個体と環境の機能的関係にのみ言及するようなやや極端な方法ではなく，誰もが理解できもっともだと思える"もののとらえ方（認知）"に焦点を当てるというごく常識的な方法であるというところが，万人に受け入れられやすかったという事情があるだろう。

一口に"もののとらえ方，考え方"といっても，日常的に誰もが意識して使っているようなレベルのものから，自動思考のような普段意識しないが指摘されたり自分を振り返ってみたりして初めて思いつくもの（精神分析療法でいう前意識的なもの），そして信念やスキーマといった意識の外にあってある程度訓練をしないと把握できないもの（無意識的なもの）まで幅広い。先の"常識的すぎる"といわれるものは日常的な認知で，臨床場面で扱われる認知は自動思考や信念，スキーマのレベルになることが多くなるだろう。そこにあえて注目したベックの慧眼は注目すべきものであるといっていいだろう。

無意識のようなすぐには把握しにくい領域や，行動のように意識とは別の次元で現れるもの，まして自己のようなそれ自体はとらえようのないものよりも，意識に最も近いと思われるレベルの思考（認知）に焦点を当てて変容に導くことは理に適っていると思われる。我々が日常的に使い感情や行動を推し進めるものとしての認知，そしてそれを変容する手立てを使って現実に即したものの見方ができるようにしていくこと，それが認知療法の本質であり，有効性であると思われる。

Ⅱ　それぞれのセラピストにとっての心理療法の意味の違い

心理療法の世界にこれだけの理論があり，それ以上の技法が多数存在するのはなぜだろうか。物理学や化学，生物学といった自然科学は，世界の中にある自然の存在がどのようになっているのか，その法則性を追求し，ただ一つの真実を解明しようとしてきたし，それが大部分完成しつつあるといってよいだろ

う。では人間の心の学，つまり心理学はどうだろうか。

　19世紀の終わり頃に科学としての心理学が誕生し，それは実験や観察といった自然科学的方法を使って，時に物理学や生物学をまねて現代科学として発展してこようとし，ある部分はその試みに成功している。その代表格が，知覚や認知を扱う認知心理学，動物の条件づけ実験から始まった学習心理学，そして近年発展の著しい神経心理学・脳科学といったところだろう。一方，ちょうど1900年ごろから始まった精神分析学を始めとする，いわゆる心理療法の流れは，自然科学とは一線を画する方法論といってよい。フロイトの方法論は，身体医学や物理学の考え方を援用してはいるが，やはり無意識の奥底にある葛藤などを解釈する方法をとるし，同時代のユングにいたっては人類共通の普遍的無意識を想定し，民俗学的な神話や宗教までも視野に入れた，およそ自然科学とはいえない領域となっている。ロジャースも心理療法の効果などの測定には自然科学的方法を取り入れているが，その考え方は人間存在の全体性を表す自己を想定し，クライエントの知覚，セラピストの知覚をそのまま理論化せずに，いわば現象学的[注12]にとらえて面接を進め，人格の変容を促そうとするものである。

　20世紀半ばから起こった行動療法だけは，実験心理学的方法を基盤とした学習理論を基礎理論とし，その応用として人間を対象とした異常行動の治療の方法を開発した経緯がある。本書で述べる認知行動療法は，基礎心理学を基盤にした行動療法と，臨床的理論に基づいた認知療法が融合したものとして定義されているが，統合的認知療法という場合の認知への介入は，基礎心理学とは異なる臨床的理論としての認知理論（正確には認知モデル）を基盤としている。つまり，治療効果の測定は科学的方法を用いるとしても，理論的基盤は自然科学とは異なる考え方をしているということになる。

　今，心理療法の世界では，自然科学をモデルとして実証的に人の心にアプローチする方法論（行動療法や狭義の認知行動療法）をとる臨床家と，自然科

注12）世界をどのようにとらえるかについての哲学的立場の一つ。感覚的にとらえられた事象についていかなる先入観をも持たずに，事象そのものを純粋にとらえその本質を記述する。ここでは精神分析や行動理論のような理論的立場にとらわれずに，クライエントの知覚や思考をありのままにとらえることを指す。

学的方法をとらずに無意識や自己を想定したり，解釈や意味，人生の物語り（精神分析療法やパーソンセンタードアプローチ，ナラティブセラピーなど）を重視する臨床家に二分されるようである。このような考え方の違いに応じて組織される学会も違い，学会間の対話やコラボレーションもほとんどなされていない。認知行動療法の分野に至っては，実証主義を重視し行動の測定を方法とする旧日本行動療法学会と，実証を視野に入れながらも認知の意味づけやその変容を行う旧日本認知療法学会が，一時期は両学会を統合しようとする動きがあったものの，結局統合はされず，前者は日本認知・行動療法学会に，後者は日本認知療法・認知行動療法学会に改称し，別々に学会運営するという事態に落ち着いている（2019年現在）。これらは認識論，つまりそれぞれの臨床家の，もののとり方や考え方の違いによるものである。

　それぞれの人の考え方は異なるというのは当たり前のことであると感じられると思うが，これが心理療法の分野になると厄介なことになる。クライエントはなんらかの心理的障害や問題を持ち，それを改善したいと希望して心理療法の場を訪れる。一般にクライエントは，心理療法やカウンセリングという援助を受けたいのであって，特定の学派の心理療法を求めているのではない。しかし心理療法の場にいくと，そこで担当するセラピストは一つの学派を標榜する場合がほとんどであり，ある特定の方法を用いて心理療法行為を行うことになる。そうなると，クライエントが求めていること（たとえば，話をじっくり聞いてほしい，問題を早急に解決したい，まだわかっていない自分の心の中を知り新しい気づきを得たい，など）と相違する可能性が出てくる。そのような時は，クライエントの問題や希望，好みに合った方法を専門とするセラピストにリファーすることが，セラピー的にも倫理的にも適切であろう。あるいは，当該のセラピストがどのようなクライエントにも適合するような技法を身につけていることが理想的であろうが，それは非常に困難なことであると思われる。また，クライエントの問題や希望，特徴にかかわらずセラピストの依拠する技法に終始し，その技法にクライエントが合わせることになれば，それはセラピスト・センタードというべき望ましくない事態に陥ってしまうだろう。

　第2章で紹介した統合的・折衷的心理療法はまさにこのような事態に対処する考え方であるといえるが，本書で提唱しているのはあくまで一つの心理療法

理論に依拠しつつそれに準じた技法を使いながら，最もアクセスしやすい認知という要因に着目して，今まで適用していた方法に加えて治癒力をより促進しようということである。心理療法の統合の分類で考えると，同化的統合（p35-36）の一種とみなされるかもしれないが，p38で論じたように，既存の各種心理療法に認知的要因への介入を加味するという心理療法の第3の極と考える。

Ⅲ　統合的認知療法の問題

　ここまで統合的認知療法の有効性を述べてきたが，その問題点と限界についてここでまとめてみたい。統合的認知療法の参照モデルである認知療法は，アメリカでの適用を中心に相当量の効果エビデンスが蓄積されている（Beck et al., 1979）。さまざまな精神疾患についての効果研究があり，うつ病（Dobson, 1989 など），全般性不安障害（Butler et al., 1991），パニック障害（Barlow, et al., 1989），摂食障害（Garner et al., 1993）などで効果が実証されている。また再発率についても，井上と久保田（2000）が 12 カ月から 24 カ月の追跡期間での調査を渉猟し，多くの研究で再発率において認知療法の方が抗うつ剤による治療よりも同等かそれ以上の再発率の低さを示しているとした。アメリカ心理学会の臨床心理学部会が認定した「十分に確立した介入法」あるいは「おそらく効果のある介入法」として，行動療法も含む認知行動療法が，不安とストレス，パニック障害，全般性不安障害，うつ病，強迫性障害，慢性腰痛といったさまざまな精神疾患や心身疾患に対して効果があることが示されている（Chambless & Hollon, 1998）。これらのエビデンスから認知ないし行動への介入が治療的効果を持つことが明らかにされているが，それでもなおこういった介入に際しての問題点があることを説明していきたい。

1．認知への介入への抵抗

　まず，認知的側面への介入そのものの問題がある。ここまでの記述では，認知への介入は比較的容易であると論じてきた。しかし一部のセラピストは認知面を意識して介入することに抵抗があるだろう。特に感情への介入を好むセラピストは認知面への介入に嫌悪感を示すかもしれない。日本での心理療法，カ

ウンセリングの世界では伝統的にクライエント中心療法，またはユング派を含む精神分析的心理療法が主流であった。1990年代から急激にまず認知療法が浸透し始め，次いで従来の行動療法が認知要因を取り込み始め，それが認知行動療法として定着した経緯がある。本書で強調しているように行動療法の基本理論と認知療法の基本理論とは相違するが，手順がマニュアル化され効果が測定でき，統計的解析も実施できてエビデンスが確立されるという方法論が共通していることから，両者は軌を一にしたといえるだろう。ところが，それまでの日本での心理療法・カウンセリングは主に感情に焦点を置き，それを反射・明確化したり，転移感情として解釈したりといった方法を主に使用してきており，行動や認知といった表層的な側面に焦点を合わせるのには大きな抵抗があったと思われる。特に行動に焦点づけることは「心を見ていない」などと揶揄されることが多い。認知に対しても，認知行動療法という名前から行動と同じようにとらえられて，表層的なものと見られる傾向が強い[注13]。第1章で論じたように，本書では認知行動療法とは呼ばずに，認知療法と行動療法と区別して呼ぶべきであるとする所以はここにある。

　このように，行動，認知，感情といった様相のいずれを見るのか，あるいは「無意識内で起こっている力動関係」や「自己のあり方」や「環境との機能関係である行動」のいずれを考えるのかといった，ものごとの考え方，見方を決めるのは，個々のセラピストの好みや関心の向け方，価値観などの問題である。それは言うなれば個人の好みといったようなもので，どのようなものの見方をするのかは個々のセラピストの自由であって，他の誰にも一つの考え方を強制されるものではない。ここで，セラピストが共通して持つべきものはクライエントの健康と利益であろう。クライエントの健康に資することがなく，利益（社会に適応することや安全に生きること）をもたらさない行為は対人援助とはいわない。

　個々のセラピストが，自らの依拠する方法について，それへの関心や価値観

注13）ここでは筆者は決して行動に焦点づけることを表層的であると断じているわけではない。行動療法が心を見ていないセラピーであるとも考えていない。人の行動や認知，感情のいずれかを見るか，また深層心理を見るのか環境と相互作用する行動を見るのか，などはそれぞれのセラピストの認識論の違いである。

を捨てることなくそれらを用いつつ，より有効な効果をもたらす証拠を持つ認知的技法を用いることで面接を促進し，クライエントに（そしてセラピスト自身にも）利益をもたらすことができるのが，統合的認知療法の本質であると考える。

2．技法習得のための訓練の問題

　これまで特定の心理療法技法を使ってきたセラピストが，本書で述べてきたような認知的技法を使用するようになるまでには，それなりの訓練が必要である。認知療法の技法の習得は，技法そのものの使用という意味では他学派の技法よりも比較的容易であると思われる。心理療法の各学派の方法の習得内容について以下に概観し，認知的方法の習得との比較をしてみたい（ここでは日本での訓練に限定して説明する）。

　精神分析療法の技法は，自由連想法，直面化，明確化，解釈など数少ないものであるが，その理論を学ぶのは非常に困難である。局所論，構造論，力動論，発達論といった大きな理論（前田，1985）を理解するのはもちろん，退行，固着，防衛機制，転移・逆転移，洞察などのクライエントが呈する諸現象を把握する必要がある。セラピストのとるべき態度である中立性，受け身性も座学で習得できるものではなく，多くの経験を積んで体感するものであろう。さらに，フロイトの提唱した理論からの発展が多岐にわたり，対人関係論（現代の関係精神分析），自我心理学，対象関係論，中間派，自己心理学などの理論を理解する必要がある。また精神分析療法は実践訓練を重視しており，資格（たとえば日本精神分析学会認定の精神分析的心理療法士など）をとる条件として，スーパービジョンや教育分析を数百時間受けることが義務づけられている。このような事情から，本格的に精神分析療法を実践するにはかなりの年数の訓練（と資金）が必要になる。そのため訓練途中で断念したり，厳しい資格試験をパスできない訓練生が多数出現することになる。

　クライエント中心療法は，さらに技法と呼べるものは少なく，非指示的リード，再陳述，感情の反射，明確化といった技法（畠瀬，1990）しかない。ただしこの学派は技法というよりはセラピストの態度を重視しており，受容，共感，自己一致（p12-14）を中心とした態度をとることにより，クライエント

の自己の変容が起こるとされている。それゆえ，技法を習得するよりも，このようなセラピストの態度を多くの実践経験の中で習得することが必要になり，熟練するには長年の臨床経験が必要となるだろう。この学派は権威を持つことを避けるので，特に資格を得るための厳格な訓練は設定していないが，技法としてはほとんど傾聴するのみの方法で，クライエントの問題を解決したり自己実現を促すには，相当の実践経験と資質が必要となる。他のパーソン・センタード・アプローチも同様の事情と考えてよいだろう。

　行動療法は，まず基礎理論である学習理論（行動理論）を理解する必要がある。他の心理療法学派の考え方と違い，徹底した機能主義の立場をとる（p10-12）。無意識や自己といった心の深層ないし全体性を考えるのではなく，個人の行動と環境内刺激との関係性（随伴性）を見ていく行動理論（特に機能分析的な認識論）は，これを参照枠としていない他学派のセラピストには了解しづらいだろう。逆に機能分析を理解しクライエントの問題を機能的に見ることが習慣化してくると，他の見方をすることが困難になるかもしれない。技法については，アセスメントに応じて数多くの種類があり，「行動療法事典」には158項目もの技法が網羅されている（Bellack & Hersen, 1985）。その後も時代を経てさまざまな認知行動療法に準じた技法が開発されており（ACT，DBT，MBCT，FAPなど；p36参照），技法の数はさらに夥しいものとなっている。現代においては，どの範囲の行動療法を標榜するかを決めずに，すべての行動療法系ないし認知行動療法系の技法を理解し習得するのは非常に困難であろう。

　家族療法やブリーフセラピーはどうだろうか。これらの学派は，それまでの主流であった学派とはパラダイムの違いという面で一線を画す。これらの中にもさまざまな学派があり，技法の種類も多いといえるだろう[注14]。この学派群の一番の特徴は，技法の習得や理論の理解よりも，臨床場面で臨機応変に立ち回り，システムを変えていく手法にある。最も望ましい訓練法は，いわゆる名人といわれる優れた臨床家の面接場面に同席し，その一挙手一投足を観察し，

注14）たとえば，症状処方，逆説的技法，リフレーミング（家族療法の各派），コンプリメント，例外探し，ミラクル・クエスチョン（ソリューション・フォーカスト・セラピー）などがある（Sherman & Fredman, 1997；長谷川，1987など参照）。

技術を盗むことである。料理や物造りの職人について修行することに似ている
といえるだろう。

　さてそれでは，認知療法的理論および技法の習得についてはどうだろうか。
先述した他学派と比べてその技法の総数は比較的多いようである。リーヒーの
『認知療法全技法ガイド』には80もの技法が紹介されている（Leahy, 2003）。
頻用されるのは自動思考や信念，スキーマへの介入技法や問題解決法といった
ところであるが，これらの主要な技法を習得するにも一定の訓練，期間を要す
るだろう。特に認知療法に特有のソクラテス式質問法は，広義の精神分析療法
やクライエント中心療法のような支持的な心理療法，つまり質問を極力控える
タイプの方法を行ってきたセラピストにとっては習得しづらい技法だろう。一
方，理論は他技法と比べて，認知という最も意識しやすい心理的側面を対象と
するので比較的理解は容易だろう。しかしクライエントの認知を理解するとい
うことは，セラピスト自身の認知をも理解していないと達成することはできな
い。つまり認知を認知するというメタ認知の能力がなければ，その理論を十全
に理解することはできない。このように，認知に焦点づけた方法は技法，理論
ともに理解や習得が容易な面と，困難な面の両方があるということができる
が，やはり十分な学習と訓練が必要となることはいうまでもない。

　もう一つ，統合的な心理療法の訓練の問題として，そもそも日本では統合的
心理療法を指導できる臨床家が少ないことがあげられる。我が国に心理療法の
統合や折衷の考え方が入ってきたのはせいぜい2000年代に入ってからであり，
統合を論じた書籍や論文もまだまだ少なく，実践家も少ないしスーパーバイ
ザーとして指導できる人はごく少数である。2018年時点ではまだ学会も設立
されておらず，少数の研究会が発足しているのみである。そのため，本格的に
訓練を受けようと思えば，アメリカなどの大学院や研究所にて研修を受ける
か，統合や折衷，多元論を標榜する学会に参加するしかない。統合的な心理療
法を実践するセラピストを訓練することに加えて，それを指導できるスーパー
バイザーの養成が望まれるところである。

3．統合することへの抵抗と難しさ
　第2章で心理療法の統合について述べた。本書は特定の一学派を標榜するセ

ラピストを念頭に置いて論じているが，一つの学派に依拠するセラピストにとって，他の学派の理論や技法を統合的に用いるのには困難が伴うと思われる。

標榜する学派の違いは，それぞれのセラピストの人間観や価値観の相違によるところが大きい。たとえば精神分析療法のような無意識内の「深い」要因を扱うことに価値をおくセラピストは，行動療法や認知療法の考え方を「浅い」ととらえて抵抗を感じるだろう。一方，行動療法の科学性，実証性に価値をおくセラピストは，精神分析療法やクライエント中心療法の理論や方法を非科学的で信頼できないととらえる可能性がある。そのような一つのものに価値観を持つセラピストは，他技法を統合的に用いようとはしないだろう。心理療法の統合や折衷は，さまざまなことに興味関心を持つようなパーソナリティであったり，ものごとを相対的に見ることに価値を感じるセラピストに向いている。しかしそのような傾向を持つセラピストは，そう多くはないだろう。

たとえ他学派の方法（ここでは認知療法的技法）を用いようとしたとしても，それまで用いていた方法と異なる考え方を持つ方法を導入するのはそれ相応の難しさがあるだろう。一つの学派の理論と技法を学んでそれを使いこなすのにも相当の訓練と実践（おそらく数年～数十年）が必要であるのに，そこに新しい方法を学んで無理なく使いこなすには相当の努力と労力が必要と感じるのは自然であり，学ぶ前から萎縮してしまうかもしれない。やはり統合的に心理療法を学ぶことは，謙虚さと努力が必要ということである。

努力するかしないかは，個々のセラピストの問題であるが，何よりも他学派の理論や方法を学ぼうとする動機づけが大切である。それにはやはり多くのことを学ぼうとする好奇心，絶対的なものにのみ価値をおくことのない相対的なものの見方，そして多くのクライエントに役立とうとする実用的な福祉精神だろう。このような資質を持つセラピストが一人でも多く誕生してほしいというのが本書の願いでもある。

4．実証することの困難さ

現代の心理療法の世界は，エビデンスに則った方法を用いることが主流になっている。先述のように特に（広義の）認知行動療法はエビデンス・ベースドな方法としてその成果が突出しており，理論的基礎に基づいて認知や行動に

焦点を当てることの有効性は十分に実証されている。一方，精神分析療法，パーソンセンタード・アプローチといった伝統的な心理療法や，家族療法，ブリーフセラピー，ナラティブセラピーのような比較的新しい心理療法は，理論や方法論の多様性もあり実証的に効果や方法を証明しにくく，エビデンスに基づいた方法であるとは見なされていない[注15]。ここで提唱している統合的認知療法は，既存のさまざまな（エビデンスを提示しがたい）心理療法に認知的要因を加えるという統合的方法であることから，さらに実証することが難しくなり，エビデンス・ベースドな方法を推奨する臨床家には避けられるかもしれない。

　一方，エビデンスだけが効果的な心理療法の要件ではないという見解も当然存在する。心理学の研究法の観点からいえば，量的研究と質的研究の違いがそれにあたるだろう。前者は心理現象を測定し，その量的変数を統計学的手法などを使って実証していく立場を指し，後者はクライエントの語りを題材として，その意味やナラティブを分析していく。後者の極端な例は事例研究であり，一人の事例を丹念に記述してセラピーの展開やクライエントの変化などを探求していく作業となる。その一人の題材を敷衍して多くのクライエントのセラピーに生かしていく試みである。

　これまでの日本の心理療法は，クライエント中心療法や精神分析療法が優勢であった時代が長かったこともあり，エビデンス・ベースドな方法よりも事例研究を尊重して実践や研究が行われてきた経緯がある。それが近年になって急激にエビデンスを重視する実践に変化してきた。エビデンスに忠実に心理療法を適用するか，あるいは一つの事例を敷衍するような一回性を重視するかは，それを使う個々のセラピストの認識論や価値観にゆだねられるだろう。

5．日本の文化への適合性

　本書は日本のセラピストに向けて書かれているので，日本の文化と統合的認

注15) アメリカ心理学会は国民の精神健康に資する心理療法の推奨を掲げ，十分に確立された介入法として認知行動療法，曝露－反応妨害法などの行動療法，対人関係療法などを，おそらく効果のある介入法として認知療法，弁証法的行動療法などをあげている（Chambless & Hollon, 1998）。

知療法の適合性について考察することが必要だろう。日本の心理療法の歴史について考えてみると，まずは20世紀中ごろ以降に臨床心理学者（心理療法家，カウンセラー）はクライエント中心療法を，精神科医（精神療法家）は精神分析療法を輸入，適用してきた経緯がある。その後，行動療法，クライエント中心療法以外のパーソン・センタード・アプローチ（ゲシュタルト療法，実存療法，フォーカシング指向心理療法など），交流分析療法，家族療法，ブリーフセラピーなどがつぎつぎに取り入れられてきた。日本生まれの心理療法である森田療法，内観法，動作法なども長い歴史を持ち，現在も一定の勢力を保っている。

　このような流れの中で，職種と使用される学派の間にある程度の関係があるように思われる。たとえば，パーソン・センタード・アプローチは臨床心理学者，交流分析療法は心療内科医や看護師，ブリーフセラピーや森田療法は専門家のみならず一般の人々も関心を持ち学んだり自分自身や他者に適用することも多い。そしてやはり日本での心理療法学派の特徴は，一つの学派を標榜したらそれを変更したり総合的に使うことが少ないことである。つまり統合的，折衷的に使用する傾向が（表向きは）少ない。臨床心理士を養成する大学院での教育が，特定の学派の指導を中心に行われることや，指導教官の学派をそのまま踏襲しそこから脱することに抵抗を感じる臨床家が多いことなどが，その理由として考えられる。それぞれの学派間でも協力することがなく，学会ごとに独立していて，時に他学派を強く非難することさえある。このような日本的な文化傾向が統合的な発想を妨げることになる。一方で2章で述べたように（p36），臨床心理学の学会でアンケートをとると，意外にも複数の学派の技法を折衷的に用いている臨床家が多いことに驚かされる。つまり表向きは一つの学派に所属し，当該の学派の学会や研究会ではその理論，技法に即した内容の発表をしたり執筆したりするが，実際の実践においては複数の技法を使用して効果を上げるという，ダブルスタンダードのスタンスをとっているということである。このようなやり方は，日本人の本音と建て前をよく表しているといえよう。

　徒弟関係のような形式をとったり，他者の目（他者からの評価）を気にしやすい日本の心理療法学派の文化においては，時機に応じて統合的，折衷的に技

表9　精神分析療法，森田療法，認知療法の認識論的比較

	精神分析療法	森田療法	認知療法
自己の形而上学	**深層意識**	**自　然**	*主　体*
思考様式	*構造論*	**円環論**	*分類，対象化*
存在論	**心的現実**	**無・空**	*認識主体*
倫理観	**否定的**	**中　庸**	*肯定的（科学的）*
世界観	*カテゴリー*	**関係・変化**	*安　定*

＊東洋的なるもの：太字
＊西洋的なるもの：イタリック

法を柔軟に用いることには抵抗があると思われる。特に大学院や研究会での集団などで指導者にカリスマ性があったり，そのグループの団結が強い（凝集性が高い）場合に，他学派の方法を取り入れるのは難しくなるだろう。

　筆者はかつて，認知療法，精神分析療法，森田療法の認識論についての比較を行い，東洋的な考え方と西洋的な考え方の違いを論じたことがある（表9）。表中の太字が東洋的な考え方を，イタリックが西洋的な考え方を示している。詳しい説明は省略するが，ここからわかる通り，認知療法は西洋的，森田療法は東洋的な認識論を背後に持っている。精神分析療法は西洋的・東洋的な認識論が混在しており，これは日本人が精神分析療法を好んで用いてきた理由を示しているかもしれない。

　つまり精神分析療法は自己の形而上学（自己のとらえ方の本質），存在論（人間の根本的あり方），倫理観（人間としてあるべき姿，あるべきこと）という根本的な部分で東洋的であり，このことは東洋の文化圏に属する日本人の深い部分での認識の仕方に適合していることを示しているのかもしれない。さまざまな心理療法学派の哲学的見地からの考察は，今後他書で述べる予定である。

Ⓘ 統合的認知療法のこれから

　ここまで統合的認知療法の適用上の問題点と，各セラピストが既存の心理療法を用いながら認知的要因を取り込んで面接を進めていく時の障害について述べてきた。このような問題点を踏まえて，今後，統合的認知療法はどのように

発展していくのかを，他の学派の動向を視野に入れながら論じたい。

1．既存の心理療法の動向と今後

ここまでたびたび述べてきたように，日本で長年にわたって適用されてきた精神分析療法とクライエント中心療法はここ20年ほどの間に急激にその勢力が弱まり，認知行動療法がそれにとって変わるようになった[注16]。エビデンス・ベースドの臨床が盛んに謳われるようになり，国家資格としての公認心理師が誕生して，ますます効果が実証されたマニュアルに基づいたセラピーが使用されるようになるだろう。実証されにくい精神分析療法やクライエント中心療法を含むパーソン・センタード・セラピーは，公的な使用は差し控えられる方向に動くかもしれない。しかし先述のように，日本（東洋）の文化には精神分析療法やクライエント中心療法は馴染みやすく，クライエントも受容的な面接や深層心理を探索することを好む層が一定数存在するだろう。

認知行動療法は今後も世界水準であり続け，さらにエビデンスが頑健な新しい心理療法が台頭するまではメジャーであり続けるだろう。しかし日本においては，文化的に精神分析療法やクライエント中心療法などのパーソン・センタード・アプローチが，今後も根強く残ると思われる。日本文化の価値観や認識論に適合するこれらの方法を基本としつつ，合理的でエビデンス・ベースドな認知療法的技法を組み合わせることで，セラピーの効果を上げることが期待される。その流れの上に，本書でいう統合的認知療法の有用性があり，来たるべき有効で新しい心理療法が確立されるまでの橋渡しになればとの希望も込めている。

2．統合・折衷的動向の発展

精神分析療法，行動療法，クライエント中心療法の3大療法に始まり，その後多くの学派の方法が発展してきた心理療法は，新しい単独のセラピーが誕生するというよりも，これら3大療法（加えて家族・ブリーフセラピー）の概念

注16）日本国内でも，これらの学派の勢力には地域差があり，関東圏は認知行動療法が主流となっているが，近畿圏はユング派を含む精神分析療法が現在（2019年）も主流であり，福岡や名古屋地区ではパーソン・センタード・アプローチも盛んに行われてる。

を基本として統合的，折衷的にリニューアルしたようなセラピーができてきている。たとえば行動療法は，基礎的な行動理論を技法化した初期の方法から，認知的要因を取り込んだ認知行動療法へ，そして現代ではマインドフルネスの要素を加えたアクセプタンス・アンド・コミットメント・セラピー（ACT）や弁証法的行動療法（DBT）が編み出され，それぞれ第一世代，第二世代，第三世代の認知行動療法と呼称されている。クライエント中心療法は，体験過程を重視したセラピーからフォーカシング指向心理療法が，また精神分析療法はメンタライゼーションの力動を方法化し，メンタライジング・アプローチ（上地，2015）や，体験的方法も取り込んだ加速化体験力動療法（AEDP）（Fosha, 2008）となって発展している。新しいパラダイムを持つ単独のセラピーが構築されることは当面は考えられず，しばらくはさまざまなセラピーの統合や折衷が行われるものと思われる。

　第2章で解説した統合・折衷的心理療法は，1970年代にまずアメリカで台頭し，イギリスなどの欧米諸国の一部でも用いられるようになり，2000年前後にようやく日本にも導入され，まさに今（2019年現在）発展を遂げようとしているところである。日本では本章第3節で述べたように，単一の学派に従属する時代が終焉を迎え，多様な価値観のもと柔軟に他学派の方法を取り入れる時代となってきている。統合・折衷の動きはここ日本では急激に発展するであろう。

3．統合的認知療法の発展に向けて

　本書で論じてきたことは，精神分析療法やパーソン・センタード・アプローチ，家族・ブリーフセラピーのような従来の心理療法を行ってきたセラピストが，そのセラピーをより有効にするために，認知行動療法（狭義の認知療法）で理論化，技法化されてきた方法を取り入れていくということである。本書を上梓するまでに，筆者はさまざまな場所（学会，研修会，講演，大学院での授業など）で統合的認知療法の考え方と実践法を提言，教示してきた。そこでの経験をもとに，今後の統合的認知療法の可能性について最後に論じていきたい。

　筆者は2000年頃から，日本で最大級の臨床心理学の学会で統合・折衷的心

理療法の研究発表をほぼ毎年行ってきた。そこでは，心理療法の統合に理解があったり，臨床姿勢が柔軟なベテランの臨床家をコメンテーターに指名して発表を行った。フロアには毎回数十人〜百人以上の臨床家が集まり，関心の高さを示していたように思う。そこでのフロアからのコメントはおおむね次のようなものであった。「これだけの技法をマスターするなんてとてもできない」，「先生は器用なんですね」，「節操のないやり方ですね」といったネガティブな意見，あるいは「よく勉強していて，適切に面接を組み立てている」のようなポジティブな意見，時に「先生はサバイバーですね（つまり厳しい臨床現場を生き残ってきた）」といったセラピスト自身に言及するものもあった。それらにはおおむね，否定的というよりは距離を置く態度を感じたし，自分にはできないということを暗にほのめかしていたと思われる。ごく一部の人が，苦しい臨床をもがきながら実践し，懸命に勉強し試練を重ねてきたことを感じ取ってくれたのだと思う（ちなみにそのコメントをした臨床家は，長年開業臨床をしてきて数多くのクライアントを見てきた人であった）。

　筆者のこのエピソードのように，今から20年ほど前の日本の心理療法の世界は統合，折衷的なやり方に対して冷ややかであった。ただ，一部の臨床家や研究者が関心を示してこの流れを発展させ，また筆者が接した多くの臨床家が「実際の臨床現場では折衷的になるものだ」と言っているのをたびたび耳にした。筆者のよく知る学校カウンセラーおよび病院セラピストは，非認知行動系の某学会が認定している専門的心理療法資格を保持しているが，臨床場面ではSSTやアサーション・トレーニングを使用して効果を上げている，と悪びれることなく教えてくれた。つまり表向きは一つの学派を標榜していても，実践の現場では折衷的にならざるを得ないと思っている臨床家がいるし，本人が否定しても期せずして折衷的になっているということである。むしろ，ある学派を標榜しているにもかかわらず，堂々と他学派の技法を使用している臨床家も少なくない。

　ただここで，心理療法の統合と折衷の区別をしておく必要がある。一つの学派の方法を標榜しつつ他学派（特に認知行動系）の技法を使うセラピストは，その技法を折衷的に使っていると思われる。つまり各学派の理論的背景や概念を吟味してそれらを統合しようとしているのではなく，その時々のクライエン

トにとって有効であろうと思われる技法を，実用的に使っているということである。そのほとんどの場合において，各学派の理論を統合する意図はなく，折衷的に技法を使用していると思われる。ただし本書で述べてきたような，見立てを的確に行った上で最も適切な技法を適用するといったような整合的な方法を用いているわけではなく，経験的な勘ともいうべき臨床家のセンスによって行われているのであろう。

　この原稿を書いている 2019 年現在，心理療法の統合，折衷への抵抗はいくぶん和らいできているように思う。今後はますます心理療法は統合，折衷的になっていくだろう。

　認知に焦点を当てることについてはどうだろうか。本書で繰り返し述べてきたように，認知は人の意識に最も近いところにあるゆえにアクセスしやすく，セラピストもクライエントもともに気づきやすい要因であるだろう。欧米諸国においても日本においても，認知的要因への介入が提唱されてから急速に認知的な心理療法が広まった経緯がある。その一方で，あれだけもてはやされた認知変容の有効性が，思考に焦点を当てるとかえってその思考にとらわれてネガティブな感情が維持されたり増強されたりする，という理由で思考に焦点づけないことが推奨され，マインドフルネス（Teasdale, 1993）やメタ認知療法（Wells, 2009）が唱道されるようになった。心理療法の流行り廃りは非常に早く驚かされるばかりである。

　第 1 章で概観したように，心理療法の世界はまず精神分析療法でクライエント本人は意識していない深層心理（無意識）を対象にし，次いでそれを否定するかのように顕在的行動を対象にする行動療法が提唱され，すぐにそれらを両方とも超え出るような全体的自己を考えたクライエント中心療法が誕生した。その後の心理療法の展開（交流分析療法，ゲシュタルト療法，フォーカシング指向心理療法など）は，これらの療法をアレンジしたり発展させるものであった。家族療法やブリーフセラピーは因果関係論から円環的関係論へのパラダイム転換があって様相を異にしたが，現代は認知を主体にしたセラピー[注17]に

注17）ここで認知への注目といっているのは，非合理的思考を変容することと，思考そのものから距離をおくこととの両方を指している。これらはそれぞれ，第二世代の認知行動療法と第三世代の認知行動療法にあたるものとなる。

なって安定している。

　つまり心理療法の歴史的展開は，無意識，顕在的行動，全体としての自己という，人間の心理の３つの側面への注目に始まり，システムを考える時代を経て，今は最も接近しやすい認知へと展開した。言いかえると，認知という最も意識しやすいものを扱う時代になったということになるし，今はわかりやすさを求める時代になったともいえようか。

4．公認心理師の時代と心理療法，そして統合的認知療法

　本書を執筆している時期に並行して，公認心理師法案が国会を通過し，2018年に公認心理師法が施行され，第１回の公認心理師試験が実施された。そして2019年に実際に公認心理師が誕生した。筆者も公認心理師受験資格を得るための現任者講習を受講し，試験を受けて幸い合格し，ちょうど資格認定の書類が届いたところである。日本初の心理学の国家資格の誕生を目の当たりにした今，これからの臨床心理学（特に心理療法）のあり方と統合的認知療法の方向性について考えてみたい。

　このたびの公認心理師の国家資格化は，公共性という言葉に集約されるだろう。

　現任者講習のテキスト（一般財団法人日本心理研修センター，2018）を見ると，公認心理師の職責や職域別（保健医療・福祉・教育・産業・司法矯正）の関係行政，医学的知識，心理アセスメントと支援，基礎心理学の順になっており，20時間にわたった講習の内容は，いかに関係機関や他職種と連携するかが主要な課題となっていた。今までの臨床心理実践において中心となっていた心理アセスメントと心理療法への言及は，相対的に非常に少ない印象があった。つまり公認心理師は，国民の心の健康や福祉に公共的に貢献し，また人の心理を探求し援助するというよりも，他職種や当事者と協働して問題を解決することが，その専門性の中心となるように思われる。そのためには，心理支援サービスを受ける当事者である国民にとってわかりやすく，効果的で利用しやすい方法が望まれる。本書で繰り返してきた認知的要因へのアクセスのしやすさ，意識的な理解のしやすさはこのような公共性の理念に適合していると思われる。

　また公認心理師の資格化に伴い，職能団体として２つの団体が稼働する予定である。一つは従来の心理臨床の業界が設立すると思われる団体で，この中には精神分析療法やパーソンセンタード・アプローチなどの心理療法や，投影法（ロールシャッハ・テストやバウム・テストなど）を中心とした心理テストを専門とする公認心理師が会員を構成すると思われる。一方の団体はいわゆる認知行動療法を専門とする公認心理師が在籍すると考えられる。日本の臨床心理業界は公認心理師の誕生を機に二分することになるだろう。本書の意図は認知面を強調することになるので，後者の認知行動療法系の団体の範疇になると理解されるだろうが，一方では本書は多元的哲学のもと心理療法を統合する立場をとってもいるので，これらの両方の団体が競合することなく協力し合って（できれば一つの団体になって）国民の健康に寄与することが公共性につながるのではないかと考える。まず国民サービスという一点でまとまって，その後に細かい専門性を認めて部会のような形で各学派の研鑽を積むというのが理想であろう。

　公認心理師は今まさに誕生したところであり，今後どのような専門職として発展するのか，国民はどのようにそのサービスを利用し，行政はどのように活用するのかは予断を許さない。公認心理師が認定されるまでの経緯では医療との関連が深く，今後主として保健医療分野での活用が目立つであろうと思われる。その中での心理療法行為は医師の指示のもとで実施することと法律で義務づけられているので，当然それは治療行為であり医療行為ということになる。つまりその行為は，治療的であるとともに侵襲的でもあるということであり，クライエントの利益にも不利益にもなるということを意味している。ここで認知という誰にも接近しやすい要因を扱うことは，クライエントにも意識しやすく，セラピストだけでなくクライエント自身が責任を負うことができることを保証するものである。つまり認知（自身の考え方）を扱うことに対して，意識的に受け入れたり拒否できるということである。また，エビデンス・ベースドで，その効果やセラピーマニュアルが明確であることもあり，公認心理師に求められる公共性を満たすことができると思われる。

統合的認知療法を理解するための学習法

　ここまで読み進めてきた読者は，自分の学派の方法に認知療法の要素を取り込んで，より効果的な心理面接をしたいと思っているだろう。しかし，統合的と銘打っているようにあらゆる心理療法の勉強をしないといけないとしり込みするかもしれず，どのような勉強をすればよいかと途方に暮れるかもしれない。この付録では，統合的認知療法を学習しその技法を習得するためのヒントとして，参考書籍を中心に紹介していきたい。

1．認知療法の書籍の紹介

　ここでは，まず認知療法を学ぶための基本書，必読書をあげていく。ベックとベック以降のテキストの翻訳書，次いで日本人が書いたテキストを紹介する。読者はまずここにあげた書籍を熟読し，認知療法の理論，技法の基本を確実に学んでほしい。

1）認知療法の古典的文献（ただし今も使える！）

　ベックが著した古典的な著書，そしてベッキアンと呼ばれるベック直系の著者たちの書いた書籍をあげ，認知療法の基本の学び方を紹介したい。認知療法の古典的書籍になるが，現在の臨床にも十分使える良書ばかりである。

- ●『うつ病の認知療法』アーロン・T・ベック他著，坂野雄二監訳，2007 年（原著 1979 年），岩崎学術出版社

　言わずと知れた認知療法のバイブルである。本書によってベックの認知療法は世界にその名をとどろかせ，以後 40 年に及ぶ認知療法発展の礎となった。認知療法はうつ病者の自動思考への介入から始まった方法であるので，本書を熟読することで認知療法の本質に触れることになるだろう。

- ●『人格障害の認知療法』アーロン・T・ベック他著，井上和臣監訳，1997 年（原著 1990 年），岩崎学術出版社

　治療の難しい人格障害への認知療法の適用について，綿密なケースフォー

ミュレーションとともに介入法を詳細に説明した力作である。きめ細かなアセスメントと丁寧な介入技法を学ぶことで，認知療法の使い方の実際を把握することができる。

● 『認知療法——精神療法の新しい発展』アーロン・T・ベック著　大野裕訳，1990 年（原著 1976 年），岩崎学術出版社

　ベックの単著にして，うつや不安についての認知療法を総合的に解説したもの。ベックの考え方の基本を知るには必読だろう。

● 『認知療法入門』アーサー・フリーマン著　遊佐安一郎訳　1989 年　星和書店

　1990 年，認知療法の伝道師といわれたフリーマンが来日し，日本に初めて認知療法を持ち込んだ。本書は来日に合わせて急遽出版された基本テキストである。筆者は幸運にもこのセミナーに参加でき，我が国への初めての認知療法の導入の場に立ち会えた。フリーマンは温厚な紳士で，この書へのサインの要請にも快くそして温かく応じてくれた。

● 『認知療法実践ガイド：基礎から応用まで』ジュディス・S・ベック著，伊藤絵美他訳，2004 年（原著 1995 年），星和書店

　認知療法創始者アーロン・ベックの娘であり現在は第一人者であるジュディス・ベックの手になる世界標準のテキスト。認知療法の概念を基本から説き起こし，理論，技法を詳細に述べながら，一つの事例を通して徹底的に例示することによって認知療法の本質を見事に表現している。ずっと座右に置いておくべき標準テキストである。

2）認知療法の日本人版テキスト

　フリーマンの来日以来，多くの日本の臨床家（精神科医や臨床心理士）が認知療法のテキストを書いてきた。おおむね 1980 年代から出版が始まり，今も進行中である。2019 年現在はマインドフルネス流行りであるが，ここではベックの認知療法を踏襲した日本人の手になる書籍をあげていく。

● 『「うつ」を生かす——うつ病の認知療法』大野裕著，1990 年，星和書店

　アメリカから日本に認知療法を持ち帰り，今や名実ともに日本を代表する認知療法家である（本書の推薦のことばも執筆している）大野裕氏の，我が国初の認知療法の書籍である。認知療法の基本をわかりやすく説いている。

- 『認知療法への招待』井上和臣著，2006年，金芳堂

同じく認知療法を日本に導入した先駆者の一人である井上和臣氏の初期の著作である。筆者の恩師でもある。ベックのもとに留学しており正統派ベック認知療法の継承者といえるであろう。

- 『認知療法の技法と実践——精神療法の接点を探って』大野裕著，2008年，金剛出版

精神分析療法の実践と研究から出発した著者の，統合的な精神療法を視野に入れた認知療法の実践をまとめた書。本書で提唱する統合的認知療法も，この著書から多くのヒントを得ている，

- 『統合的観点から見た認知療法の実践——理論・技法・治療関係』東斉彰著，2011年，岩崎学術出版社
- 『統合的方法としての認知療法——実践と研究の展望』東斉彰編著，2012年，岩崎学術出版社

拙著で恐縮だが，本書への流れを生んだ著書として紹介しておきたい。前者は，認知療法の基本概念と方法の他に，統合的心理療法の観点から認知療法の方法論を論じたもので，治療関係についても1章を設け，関係性の重要さを詳しく論じている。

後者は，2011年の第11回日本認知療法学会の会長を筆者が務めた折に，大会で提出された発表やシンポジウムをまとめたものである。認知療法の理論的基盤や方法論的背景，研究の観点などから認知療法の統合的な特徴を解き明かしている。スキーマ療法の創始者であるジェフェリー・ヤングの講演論文も掲載されている。

3）各学派の心理療法の基礎を学ぶ本

本書は，さまざまな学派の心理療法に認知療法の技法を組み入れて，より有効な心理療法を実践することを目的として書かれている。読者はなんらかの特定の学派の心理療法をすでに実践していることだろう。ここではまだ初学者が自らが準ずる学派の理論と方法を改めて学習したい際に，また自学派とは別の学派を新たに知り習得したいと思っている臨床家のために，それぞれの学派の理論や方法を実践的に学べる書籍を厳選して紹介したい。

ただし本書で中心的に述べた精神分析的心理療法，行動療法，パーソン・セ

ンタード・アプローチ，ブリーフセラピーの紹介にとどまることをおことわり
しておく。

（a）精神分析的心理療法

　精神分析関係の書籍は，日本の心理療法の書籍の中でも最も多いだろう。筆
者が臨床心理の世界に入った 1980 年代は，大型書店や図書館の心理療法コー
ナーの半分以上を占めていた。現在は認知行動療法が最も割合が多いが，それ
でも一定のスペースを占めている。精神分析は一つの思想でもあるので，その
範囲は広く心理学の枠に収まらないし，心理療法としての精神分析的心理療法
はその内部でも多くの学派に分かれて発展している。ここですべての精神分析
学派を網羅すると膨大な量となるので，まず初学者が手にすべき概論書，次い
でより臨床的，実践的なテキスト，そして各学派のあらましを学べる書籍を紹
介していく。

●『現代精神分析の基礎理論』小此木啓吾著，1985 年，弘文堂

　我が国における精神分析の第一人者として長きにわたり指導的役割を果たし
た著者による理論的大著。もはや古典的著書の分類に入るが，フロイトの精神
分析学を理論的見地から説き起こし，フロイト以降の自我心理学や対象関係論
も詳細に論じている。1990 年代以降の新しい理論的発展については学べない
が，フロイト理論を中心とした精神分析の基本概念を知るには必読の書。

●『精神分析的心理療法の実践――クライエントに出会う前に』馬場禮子著，
　1999 年，岩崎学術出版社

　精神分析的心理療法の初心者対象の実践的著書は少ない。本書は自我心理学
派の著者がそれを基本から説き起こし，導入，聴き方，転移，抵抗，解釈，終
結まで懇切丁寧に説明し，初学者が実践的に学べるよう工夫した良書。上級者
の指導のためのテキストととしても最適。

●『精神分析的心理療法の手引き』鑪幹八郎監修，1998 年，誠信書房

　日本においては，精神分析的心理療法の総論は精神科医の書いた書物が多
い。本書は編者を含め全員が心理学者（臨床心理士）であり，対人関係学派
（現在の関係精神分析）〜自我心理学の色合いが強いテキストである。精神分
析の基本概念を述べた上で，発達的課題，精神病理，夢分析，日本文化との適
合など，どこまでも実践的で臨床家にとって役に立つ本の典型といえる。

● 『自我心理学の新展開——フロイト以後，米国の精神分析』妙木浩之編著，2010 年，ぎょうせい

自我心理学を総論的に述べた邦文書は少ないが，本書はハルトマンに始まり，スピッツ，マーラー，スターンといった自我心理学の大家の理論を詳説し，発展として自己心理学や間主観性理論にまで言及している。臨床面では，自我機能のアセスメントや実証的研究まで紹介している。アメリカで発展した自我心理学の全貌を知るにはこの 1 冊。

● 『対象関係論を学ぶ』松木邦裕著，1996 年，岩崎学術出版社

対象関係論はフェアバーンに始まりクラインを経てビオンに至り，現在に継がれており，日本での人気が高い。1980 年代から現在にかけて多くの翻訳書が出されており，日本人の著書も多い。その中でも，日本に導入された初期からクライン派の理論を解説し，実践的なセラピーを展開してきた著者のテキストである。クライン派の重要概念である内的対象，分割と投影同一化，妄想 − 分裂ポジションと抑うつポジション，自己愛などを解説しているが，初心の臨床家にも理解できるような平易な文章と論旨で書かれており，対象関係論を学ぶには最も適切な書となっている。

● 『コフート理論とその周辺——自己心理学をめぐって』丸田俊彦著，1992 年，岩崎学術出版社

アメリカで長年にわたり臨床，教育を行い，日本に自己心理学を導入した著者による，コフート理解には最適の書。コフートの自己心理学理論は難解で，それを解説した翻訳書も多く出たがそれも容易には理解できないものが多かった。本書は本流のコフート理論と臨床を，日本人にも理解しやすい形にして解説したもので，この本により日本人にも自己心理学が馴染みになったといっても過言ではない。

● 『関係精神分析入門——治療体験のリアリティを求めて』岡野憲一郎他著，2011 年，岩崎学術出版社

サリバンやホーナイに始まる対人関係論の系譜は，ミッチェルやグリーンバーグの仕事で現代において関係精神分析として蘇った。ミッチェルの翻訳などは多く出版されているが，待望の日本人による解説書が本書である。対人関係論だけでなく，自我心理学，コフートの自己心理学，その発展としての間主

観性理論などとの関連を論じながら，今日本では旬である関係精神分析について，理論と技法の観点から懇切丁寧に述べられている。

●『欲動，自我，対象，自己——精神分析理論の臨床的総合』フレッド・パイン著，川畑直人監訳，2013 年（原著 1990 年），創元社

　著者のパインはマーガレット・マーラー直系の自我心理学者であるが，精神分析全体を見渡して大局的見地から論じることのできる臨床家である。精神分析療法の歴史的な理論的変遷を，欲動（フロイト），自我（自我心理学），対象（フェアバーン，クラインらの対象関係論），自己（自己心理学）の 4 つにまとめ，それぞれの理論を臨床的観点から総合的に論じている。膨大な精神分析理論の全貌を理解し，系統的にまとめて理解するにはうってつけの本である。

　（b）行動療法

　1950 年代からアメリカで始まった行動療法は，20 世紀後半はアメリカやイギリスなど心理療法先進国で全盛を極めていた。日本では同時期に輸入はされていたが，日本人の気質に合わないためか，精神分析やクライエント中心療法に押されて常にマイナーな位置づけにいた。現代では認知行動療法という名の下に日本でも全盛を極めつつあるが，本書で繰り返し述べているように，認知療法とは概念が異なる純粋な行動療法をここでは紹介していく。

　まず理論から技法までを網羅した行動療法全般を概説する書籍をあげ，その後各論的な実践書をあげたい。また，現代的な行動療法である応用行動分析，そしてアクセプタンス・アンド・コミットメントセラピー（ACT）などのニューウェーブの心理療法も紹介したい。

●『行動療法入門——臨床のための理論と技法』祐宗省三・春木豊・小林　重雄編著，1972 年，川島書店

　今や古典となったが，行動療法の基礎理論である学習理論から説き起こし，各種技法をさまざまな事例に適用した，日本の行動療法の歴史ともいえる一冊。現代においても，行動療法の本質を知るためには読んでおくべき本である。

●『行動療法』山上敏子著，1990 年，岩崎学術出版社

　ウォルピの元で学び，長らく病院臨床を実践してきた臨床医による実践の書。理論や技法の枠を越え，患者を日々の生活を営む人ととらえ支える臨床感

覚に溢れている。精神分析療法などの他学派からも評価の高い，人気の著者の名著である。続編の『行動療法2』『行動療法3』もある。

- ●『行動分析学――行動の科学的理解をめざして』坂上貴之・井上雅彦著，2018年，有斐閣

行動療法の理論的基礎である行動分析学について緻密に解説したもの。心を行動ととらえて解明することをテーゼとし，一貫して科学の目で見て書かれている。臨床の解説書ではないが，行動療法を基本から理解して学び実践に結びつけ，本当の行動療法を極めようとする臨床家には必読の本。

- ●『新世代の認知行動療法』熊野宏昭著，2012年，日本評論社

認知行動療法の歴史的発展を網羅した総論的な書。第一世代，第二世代，第三世代の認知行動療法の変遷を論じているが，基本は行動分析学から始まり，マインドフルネス，メタ認知療法，DBT，ACTと，行動理論の枠組みから認知行動療法を追っている。

（c）パーソン・センタード・アプローチ

クライエント中心療法を主とするパーソン・センタード・アプローチ（以下PCA）の日本語の書籍は比較的少ない。前述のように我が国では長く精神分析全盛の時代が続き，今日では認知行動療法が最大勢力を占めるようになってきて，PCAはいつもその狭間にあって静かに語り継がれてきた，といった趣がある。一方で，受容，共感という言葉に代表されるクライエント中心療法は，心理療法やカウンセリングの基本として重要視されてきたという前提がある。ここでは，クライエント中心療法とフォーカシング指向心理療法を中心に，基本となるテキストや実践的な書籍を紹介する。

- ●『パーソン・センタード・カウンセリング』デイブ・ミャーンズ，ブライアン・J. ソーン著，伊藤義美訳，2000年（原著1988年），ナカニシヤ出版

日本人の手になるパーソン・センタード・カウンセリング（クライエント中心療法）の解説書は少なく，実践的な書としてはイギリスで実践を行うミアーンズとソーンの本書をあげたい。共感，無条件の肯定的関心，自己一致という重要なキーワードの意味を論じた後，カウンセリングの過程を初期，中期，終結期に分け，面接の中で起こることを詳しく解説している。

- ●『心理療法プリマーズ　来談者中心療法』東山紘久編著，2003年，ミネル

ヴァ書房

　数少ない日本人によるクライエント中心療法のテキスト。その歴史，理論，技法を解説した上で，さまざまな臨床場面における事例を網羅している。概念と実際がバランスよく書かれており，クライエント中心療法の基本と実際的な使い方が両方学べる貴重で使える本である。

●『フォーカシングの理論と実際』村山正治他著，1984年，福村出版

　日本にフォーカシングが導入されて間もないころに，入門の概論書として書かれた本。本書ではまだ「体験過程療法」という書き方がされている。体験過程療法，フォーカシングを分けて理論的枠組みを論じ，ジェンドリン法その他のフォーカシングの方法が解説されている。続いて実践的な適用法が紹介され，クライエント中心療法や精神分析，イメージセラピーなど他の方法との組み合わせにも言及している。今となっては古くなった書籍だが，現在においても十分参照，活用できる名著である。

●『フォーカシング入門マニュアル』アン・ワイザー・コーネル著，村瀬孝雄監訳，1996年（原著1993年），金剛出版

　フォーカシングを実践的に教えることについて定評のある著者の，体験的にフォーカシングを習得するために著した本。フォーカシングを受けたり自ら実践するクライエントや一般の人々，セラピスト自身にも使える。読み進めるだけでフォーカシングを体験できるようになっている。セラピスト用のガイドマニュアルもある。

　（ｄ）ブリーフ・セラピー

　ブリーフセラピーが日本に導入されてから，まだ比較的日が浅い。まずはアメリカを中心に家族療法・ブリーフセラピー（ミルトン・エリクソン派，構造派，MRI派，解決志向派など）の文献が翻訳され，少しずつ日本の臨床家が論文や書籍を出し始めた。1990年代に一世を風靡した感があるが，臨床的にはソリューション・フォーカスト・アプローチがその使い勝手のよさからは汎用されたようである。ここでは導入初期に出された本の中で，現在でも臨床的に有用なものをあげていく。

●『ブリーフセラピー入門』宮田敬一編，1994年，金剛出版

　日本人の臨床家の手になる初めてのブリーフセラピーの入門書。概論から始

まり，ミルトン・エリクソンモデル，ストラテジックモデル，MRIモデル，解決志向モデル，ナラティブモデルまで，ブリーフセラピーの全般について紹介している。各モデルごとの事例についても詳しく述べられており，日本での実際の適用が手に取るようにわかる。

●『解決のための面接技法』ディヤング・キムバーグ著，玉真慎子・住谷祐子訳，1998年（原著も1998年），金剛出版

　ドゥ・シェイザーにより開発され，キム・バーグにより受け継がれたソリューション・フォーカスト・アプローチ（以下SFA）は，キム・バーグ自身（ディ・ヤングと共著）の手によって有用な手引きが作られた。本書はSFAの基本概念から，さまざまな技法を事例の描写とともに紹介し，臨床現場ですぐに使える（むろんトレーニングが必要だが）良書となっている。SFAを実践的に用いたい臨床家には必読の書。

4）統合・折衷的心理療法を学ぶ本

　本書の基礎をなす心理療法の考え方は，認知療法と統合・折衷的心理療法である。本文で詳しく述べたように，統合・折衷の流れは1970年代にアメリカで始まり，イギリスなど世界の心理療法先進国に広がって，日本には1990年頃からようやく知られ始め，2019年現在では心理療法学派の一つとして広がりつつある。ワクテルやラザラス，フランク，プロチャスカなどのアメリカの臨床家，研究者の翻訳出版の時代を経て，2000年代に入って日本人による書籍が少しずつ書かれるようになった。

　ここでは数少ない書籍の中から，日本への導入に際して重要となった欧米の著者によるもの（翻訳書のあるもの）をあげ，次いで日本人が論じた書籍のうち比較的最近のものをあげて，統合・折衷的心理療法を学ぶ礎としたい。

●『心理療法の統合を求めて』ポール・ワクテル著，杉原保史訳，2002年（原著1997年），金剛出版

　理論統合アプローチの第一人者のワクテルが，精神分析と行動療法の統合を論じた一冊。緻密な論理構成のもと，2つの学派を結びつけ新たな方法を作り出す過程を見事に論じている。心理療法の統合とは何かを理解するためには必読。

●『心理療法の諸システム』ジェームズ・O. プロチャスカ他著，津田彰他監訳，

2010 年（原著 1984 年），金子書房

　ほとんどすべての心理療法を統合的に用いようとする著者らの意欲作。精神分析から構成主義的心理療法までの各学派の概説の後，それらを統合する方法を提言している。心理療法の全体像を理解し，いかにそれらをまとめるかについて理解を促す大著である。

● 『マルチモード・アプローチ——行動療法の展開』アーノルド・A. ラザラス著，高石昇監訳，1999 年（原著 1989 年），二瓶社

　技法折衷アプローチを提唱したラザラスの著書。行動や思考，感情といったモード別にアセスメントし，それぞれの問題に適合する技法を選択して介入する方法を細かく論じている。理論にはこだわらず，アセスメントに応じて徹底した技法折衷的介入を行う，テクニカルにして超実践的なテキストとなっている。

● 『心理療法・その基礎なるもの——混迷から抜け出すための有効要因』ミラー・ダンカン・ハブル著，曽我昌祺監訳，2000 年（原著 1997 年），金剛出版

　共通要因アプローチの典型を示す著作。ランバートら（1992）の研究を元に，心理療法の最大の有効要因は治療外要因（クライエントの力や周りの支持などの治療外的資源）であるので，そのようなリソースを強化することによって効果を高めるための介入の仕方について実践的に論じている。ミラーはもともとソリューション・フォーカスト・アプローチの臨床家であり，その理念とも軌を一にしている。

● 『統合的介入法』平木典子著，2010 年，東京大学出版会

　新時代の臨床心理学をめざす『臨床心理学を学ぶ』（全 7 巻）シリーズの一つ。日本で初めて本格的に書かれた統合的心理療法の概論書。統合的アプローチの考え方から実際の用い方，心理療法の統合の歴史まで総括的に書かれている。統合，折衷的な心理療法を目指す臨床家には必読。

● 『統合・折衷的心理療法の実践——見立て・治療関係・介入と技法』東斉彰・加藤敬・前田泰宏編著，2014 年，金剛出版

　理論統合，技法折衷，共通要因アプローチそれぞれの立場から，見立て，治療関係，技法による介入の各場面における実践的適用を述べた書籍である。統

合の3つの立場が，実際の臨床場面でどのように考えられ，どのように適用されるのかが詳細に述べられている。統合・折衷的心理療法が実際はどのように使われるのかがわかる本。

5）セラピスト–クライエント関係について学ぶ本

この項では学派の分類にかかわりなく，セラピーを行う上で関係性が重要なことをテーマにあげている著書を紹介する。関係性そのものを扱った書籍は少なく，セラピーの参考にする際に困る臨床家は少なくないだろう。ここではまず技法としてのかかわり方を解説したものをあげ，その後に各学派の臨床家が傾聴や受容について述べたものを紹介する。

● 『マイクロカウンセリング──"学ぶ–使う–教える"技法の統合：その理論と実際』アレン・E・アイビイ著，福原真智子他訳，川島書店，1985年

カウンセリングの応答技法を解説した本は多くないが，本書はその中でカウンセリングの中で使われるかかわり方を多くのフェイズに分けて紹介している。関係性そのものを扱った本ではないが，かかわり方の中に関係性のとり方が自ずと含まれている。カウンセリングの訓練や，日々の実践を振り返ってよりよい関係性を構築しようとする時に役立つ本である。

● 『熟練カウンセラーをめざすカウンセリング・テキスト』ジェラード・イーガン著，鳴沢實・飯田栄訳，1998年（原著は1986年），創元社

イーガンは広義の認知行動療法家であるが，本書は問題解決へと向かう前提としてのコミュニケーション技法として，かかわり技法，傾聴の方法，共感を伝える方法などを，技法論として体系的に論じている。上記のマイクロカウンセリングと並んで，傾聴を技法として学ぶには最適の本である。

● 『ロジャースの中核三条件──受容：無条件の積極的関心：カウンセリングの本質を考える②』飯長喜一郎監修，坂中正義他編著，2015年，創元社

ロジャースの三条件シリーズ（一致・受容・共感的理解）のうちの第2巻である。ロジャースのクライエント中心療法について詳説したシリーズであるが，あらゆる心理療法に必要な傾聴や受容の本質を学ぶのに最適である。さまざまなシチュエーションで行われる実践の中で浮かび上がってくる受容のあり方を，丁寧に考察している。入門書というより，ある程度実践を積んだセラピストが関係性のあり方をさらに深めるべく，自らを振り返るために読むべき本

である。

- ●『耳の傾け方――こころの臨床家を目指す人たちへ』松木邦裕著，2015 年，岩崎学術出版社

　クライン派精神分析の第一人者である著者が，聴き方の水準（段階）を解説している。精神分析療法に特化した聴き方ではあるが，あらゆる心理療法に通底する方法を提示している。これを読むとやはり精神分析療法の見識の深さを感じざるを得ない。いわゆる浅い聴き方から深い聴き方までを網羅しているのだが，読者は自分のよって立つ心理療法を自覚しながら，その理論，技法に合う聴き方を本書から学べると思う。すべての学派の心理療法家必読の本。

2．統合的認知療法を学ぶために役立つ学会，研究会

　本や資料を使って理論や技法を学習するのは重要であるが，学会や研究会で上級者の見解を聞いたり，セミナーやワークショップを受けて体験的に学んだり，スーパービジョンを受けて実践感覚を学ぶことが必要になる。認知療法・認知行動療法は他の心理療法と比べてまだ日本に導入されてから日が浅く，研修体制はまだ十分に整っていないし，統合・折衷的心理療法に至っては研修体制そのものがわずかであるのが現状だ。

　この項では，まだ十分に研修や訓練が整備されていない現状において，より有効に学習を進めるための資源を紹介したい。そのために，統合的認知療法の学習に有効となる学会，研究会，スーパービジョンの情報を提供したい。

▶日本認知療法・認知行動療法学会

　本書で強調する認知的要因の概念化，アセスメント，介入の理論と方法を中心とする学会である。1998 年に前身の日本認知療法研究会が開催され，2001 年に学会となり第 1 回日本認知療法学会が開催された。2016 年には日本認知療法・認知行動療法学会と改称され現在に至っている。筆者も第 1 回の研究会から関与し，2011 年の第 11 回大会では大会長を務めた。毎回海外から最新の理論，技法を提唱しているゲストを招聘し，講演やシンポジウムに登壇している。

　認知行動療法の 3 つの世代（行動療法，認知療法，マインドフルネス）のうち認知療法を中心的基盤としており，ベックの理念を踏襲している唯一の学会

といえる。大会会期中に研修会も開催しており，毎年認知療法の基礎から最新の理論，技法を学べるのも魅力である。

▶ 東京認知行動療法アカデミー

日本認知療法・認知行動療法学会，および日本認知・行動療法学会のメンバーが中心となって設立され，カリキュラムを設けて多くのワークショップを開催している。従来の行動療法的アプローチ，認知療法的アプローチに加え，マインドフルネスなどの最新の技法も積極的にとり入れ研修を行っている。

▶ 関西認知療法研究会：認知療法実践セミナー

筆者らが中心となり，関西地区（大阪）にて15年間にわたりセミナーを開催している。主としてベックの認知療法を基本にした年3回の連続セミナー（理論，アセスメント，技法介入）と，年に1〜2回の事例検討会を開催している。参加者は臨床心理士（2019年からは公認心理師），精神科医，産業カウンセラー，民間カウンセラーなど多岐にわたる。

▶Society for Exploration of Psychotherapy Integration

本学会（通称 SEPI）は文字通り心理療法の統合を探求する学会として1985年に誕生し，年次大会を開催して心理療法統合の発展を推進している。大会初日にはワークショップを開催し，統合的心理療法の普及と研修を行っている。日本からは数名の参加者にとどまるが，筆者も年次大会に参加しており，2018年のニューヨークでの大会ではパネルディスカッションを行っている。日本からの参加者の増加を望むところである。

▶ 心理療法統合を考える会　日本支部（SEPI-Japan）

2005年に立ち上げられた日本で初めての統合的心理療法の研究会。設立時は平木典子，野末武義，中釜洋子，岩壁茂のメンバーで，その後もメンバーを増やし，精力的に定例会を開いている。研究も実践も含めた幅広いテーマを扱っており，海外からも著名な講師を招いたり，メンバーによる執筆活動も盛んである。

▶ 関西折衷的心理療法研究会（KIEP）

筆者らが主催する統合・折衷的心理療法の実践，研鑽を志す研究会。講演やワークショップを開催し，主に関西地区で統合，折衷的な実践の普及に努めている。上記の心理療法統合を考える会とも交流を深めており，「東西の対話」

と称して毎年合同研究会を開催している。なお，この合同研究会は，学会設立を目指して準備を進め，2019年度に次にあげる学会として組織化された。

▶ 日本心理療法統合学会（JSPI）

上記2つの研究会の運営者を中心に学会を組織化し，我が国にも統合・折衷的心理療法の学会が誕生した。本書執筆中に着々と準備が進行し，2020年3月に東京にて第1回大会が開催される予定である。講演やシンポジウム，研究発表の他にワークショップも予定されているので，統合・折衷的心理療法を本格的に学ぶ機会になると思われる。

▶ 関西カウンセリングセンター：統合的心理療法セミナー

大阪で50年以上にわたり，民間のカウンセリング研修の場として機能している機関である。関西地区は長い間ロジャースやフロイト，ユングの影響が強かったが，時代とともに行動系，認知系の学習を提供する機会が増え，2017年から統合的心理療法セミナーが開催され，関東，関西で活動する臨床家，研究者が研修を行うようになった。2018年からは統合的心理療法家養成セミナーが始まり，本格的に統合的心理療法を行う実践家の育成が開始された。

3．実践的に学ぶためのヒント

▶ スーパービジョン

心理療法の実践的感覚を身につけるための学習はスーパービジョンが一番だが，残念ながら統合的認知療法のスーパービジョンを行える指導者は，日本にはほとんどいないだろう。認知療法が我が国に導入されてからまだ日が浅いこともあり，認知療法のスーパービジョン自体がまだ始められたばかりといってよい。行動療法はその歴史が長いことからスーパービジョンによる指導体制はできているが，認知療法の指導体制の不備から，認知行動療法として総合的に指導できるスーパーバイザーはまだ少数にとどまるだろう。

統合・折衷的なスーパービジョン体制はどうであろうか。前述の2．で述べたように，日本においては統合的に心理療法を行うセラピスト自体が少なく，まだ発展途上といえるだろう。当然スーパービジョンを行える指導者もほとんどいないのが現状である。2．であげた関東地区，関西地区で活動している研究会の会員は統合的なスタンスで心理療法を行っているが，このように普段か

ら統合・折衷的心理療法を実践している臨床家がスーパーバイザーとしての訓練を受けて指導にあたれるようにするのが急務であろう。

▶ クライエントから学ぶこと

心理療法を学習する時はまず多くの書籍や論文を読み知識を得て，研修会やワークショップに参加して実践的感覚を習得し，実際の臨床場面で学んだ方法を使いながらその技術を洗練させていくことになる。専門家としての学習を深めるのはもちろんであるが，臨床は実際のクライエントとの関係の中で行うものであるので，最終的にはクライエントから学ぶということになる。

もちろんクライエントは心理療法の専門家ではないし，セラピストがその専門性を発揮してセラピーを行うことになる。しかし，セラピストがいかにテキスト通りに忠実にセラピーを行おうとしても，理論通り，あるいは技法介入の通りに効果を上げられるわけではない。往々にして思いもよらない事態が起こるものであるし，その都度セラピストは臨機応変に対応しなければならない。時に，「理論通りにいかないな」とか「忠実に技法を適用しているのに変化が見られない」と感じることもあるだろう。そのような時には，いったん理論や技法からは離れて純粋にクライエントに向かい，セラピストは生身の人間として反応せねばならない時もある。その時はセラピスト自身の心の動き（感情，思考など）に注意を向け，クライエントの心の動きと対応させながらその相互作用の中で面接を展開させる必要が生じる。このような臨床の知恵は，クライエントとの相互関係を経験することでしか培われない。何度も同様の経験をし，多くのクライエントに出会う中で育まれるものである。つまりクライエントから学ぶということである。ブリーフセラピーでいわれる「Not knowing（セラピストはクライエントのことを知らない）」の考え方はまさにこのような事態をいっているし，「クライエントから学ぶ」と題名にもなっているケースメントの著書（Casement, 1985）も精神分析に特化した文脈であるが，同様のことを論じている。

心理療法の面白い（そして難しい）ところは，多くのクライエントに出会って臨床経験を積むことによって，楽にセラピーを進められるようになるという期待とは逆に，かえってうまくセラピーができなくなることである。それはつまり，初心の頃は力量がなくセラピーが中断したりクライエントが難しい問題

を持ち出さなかったりするが，経験を積んで力量が増すとより困難な反応を呈するクライエントが現れ，セラピストが持ちこたえられるだけの問題を提示するということである。つまり，セラピストとしての力がついた分だけ，それにふさわしい問題を持ったクライエントを担当できるようになるということである。

　心理療法を生業とするセラピストは，経験を積んでも驕ることなく学習，訓練を重ね，クライエントから学びながら力量を高め，多くのクライエントの健康に与するよう努力せねばならない。

4．多領域の学習のすすめ

　統合的認知療法は，現在の時点で最も効果が高く誰にでも（クライエントにもセラピストにも）わかりやすいとされる認知療法の方法論と，さまざまな心理療法を分け隔てなく使う統合・折衷的（多元主義的）な心理療法のアプローチとを主眼に置いている。後者の多元主義的な観点からは，さまざまな心理療法を理解し学習するだけでなく，多くの分野の知識を理解，吸収して視野を広げることが望ましいといえる。そこでこの項では，心理療法の分野以外の領域を学ぶことで，統合的認知療法ないし心理療法全般をより効果的にするためのヒントを提示したい。

▶ 基礎心理学

　心理療法は応用心理学の一つであるので，その根底には基礎心理学がある。精神分析やパーソン・センタード・アプローチなどの日本で汎用されてきた心理療法は，ヴントに始まるアカデミックな心理学とは別種のものと考えられてきたが，伝統的な心理療法の中では唯一行動療法が，基礎心理学の一領域である学習理論の応用であった。認知療法の基礎理論である認知モデルは直接認知心理学を応用したものではないが，認知心理学の準拠モデルである情報処理理論と類似のものである。

　基礎心理学はその科学的基礎を物理学などの自然科学においているので，観察できるデータを用いて厳密な実験的方法や統計的方法などの技術によって事実を実証化し理論を構築していく。このような自然科学的態度を身につけることは，心理療法を行う際に，理性的，客観的に心理現象を把握する上で有効と

なるだろう。

　基礎心理学を学ぶことで，ヒトの正常な心理メカニズムがわかるし，発達心理学や認知心理学の中にも心理的異常のメカニズムを解明した理論やモデルも散見される。さしあたり統合的認知療法の実践に役立つ基礎心理学の分野は，認知心理学，学習心理学，発達心理学，社会心理学，神経心理学といったところだろう。

▶ 精神医学

　心理療法と精神医学は，他のどの分野とも関係が深いだろう。もちろん心理療法を適用する心理職は医学的診断や薬物の処方はできないが，担当するクライエントが精神科診察を受けていたり薬物を処方されていることも多いので，クライエント理解のために最小限の薬物の知識や診断について知っておくのは当然必要である（公認心理師の学習要件に，精神医学を中心とする医学的知識の習得が必須となっているのは周知の通りである）。薬物療法については生物学，生理学，生化学などが基礎となるが，狭義の精神病理学は心理的要素が強いので学んでおくべきだろう。

　加えて，公認心理師の誕生に伴い，ますます他職種との連携（医学との関連ではチーム医療）の必要性がますます高まっている。公認心理師や臨床心理士が保健医療分野で働く際には，やはり精神科医との連携が最も重要になるだろう。公認心理師は，心理学的援助をする際には対象者の主治医の指示に従うことが法的に義務づけられているが，その場合も精神医学を深く理解し，精神科医がその指示を出した意味を確実に把握することが，よい心理学的援助につながることは明白である。もちろんその場合は「心の医学」だけでなく「身体の医学」も理解している必要がある。同じチーム医療に携わる看護師，薬剤師，検査技師，医療ソーシャルワーカーといった専門職と同様に，精神医学（および医学全般）の知識を共有しておくことが有用となる。

▶ 脳神経科学

　近年になって，脳の構造や機能についての緻密な研究を臨床心理学に応用しようという傾向が高まってきた。脳のある部分の機能が，思考や記憶のような認知，また不安や抑うつなどの感情，そして多動や活動の抑制などの行動といった心理的な要因に関連していることが明らかとなり，それらの知見が心理

的ケアの実施に役立つことが解明されつつある。上記の精神医学における薬物療法は，脳神経の生理学的，生化学的機序に基づいて行われているので，随時更新されている脳神経科学的知見は見逃すことができないものである。心理学においては，特に知覚心理学や認知心理学との関連が深いが，臨床心理学においても特に内因性の疾患（統合失調症，双極性障害，発達障害など）の見立てや介入法に，脳神経科学の知見が応用されている。

　一方で，脳神経科学は脳神経細胞という“もの”を対象として扱うので，実体のない“こころ”を扱う心理療法とは大きく異なる理論と方法論を持つ。つまり心を，脳という物理的実体に還元することが，人の心理を理解しようとするナイーブなセラピストには大きな抵抗を生むことになる。時にそれは「脳神話」と揶揄されることもある。心理療法を脳神経科学と関連づけたり利用したりするかどうかは，セラピストの価値観や好みに関わってくるだろう。

▶哲学

　現代における学問体系，心理学はもちろん，医学，数学，物理学などの自然科学，各種人文科学・社会科学に至るまで，その根源はすべて哲学である。心理学に至っては，ヴントが19世紀後半に科学的心理学を創始して初めて哲学から独立したといえるので，非常に若い学問であるといえる。諸学の根源である哲学は，ものごとの本質を見極め，知識や思考とはどういうことかを掘り下げ，安易に回答を出さず突き詰めて考え抜くということを徹底して行う作業である。

　認知（思考）に焦点を当て広い認識論を用いて心理療法を行う統合的認知療法は，哲学的思考を抜きにしては適用できないと筆者は考えている。アメリカでは哲学的カウンセリングという分野もあり，いくつかの書籍も出版されているが（Raabe, 2001 など），日本ではほとんど知られていない。

　哲学のすべての分野を学ぶにはあまりに膨大すぎるので，さしあたり論理実証主義，現象学，解釈学といった認識論の大枠（東，2011：7章参照）を理解しておくことが，統合的な人間理解の上で役立つと思われる。しかしながら，心理学，なかでも心理療法の分野は学派ごと，またセラピストごとに考え方，価値観，関心を向ける対象などが大きく違うので，ともすれば一つの考え方に固まってしまい，さまざまな価値観を持つクライエントに対応できなくなると

いう危惧がある。

　セラピストは時間の許す限り，できるだけ多くの哲学的思考に触れ，人間が考えるさまざまな認識論を把握し，できれば深く理解し，クライエント理解や柔軟な介入に生かすことを勧めたい。

▶ 文化人類学

　人は一人で生きているのではない。複数の人間がいるところに共通の雰囲気が生まれ，学校や組織の中では規則ができ，人々が住む地域には特有の行動傾向が生じ，それが国レベルに広がると文化が生まれる。大きくは東洋や西洋，中東の文化の違い，少し範囲を狭めると国家の中の地域ごとにもなんらかの文化が醸成される。一つの分類された文化の中で人々は，よく似た行動パターンや対人態度，価値観，人生観を持つことになる。そのような文化を調べるのが文化人類学という学際分野である。最近になってそれはカルチュラル・スタディーズと名称を変え，時代とともに学問の名前まで変化するという，まさに文化的変貌を体現している。

　終章でも示したように（p139），日本的（東洋的）な認識論と西洋的な認識論は大きな相違がある。主に個人の心理的問題に介入する心理療法は，フロイトやユングの時代は中央ヨーロッパ（オーストリア，スイスなど），ロジャースや行動療法が台頭した時代はアメリカやイギリスなどが中心の西洋的な認識論のもとで始まっている。日本では森田療法や内観療法といったオリジナルな心理療法があるが，それらは仏教の影響を受けており，やはり東洋的な発祥（インドや中国）といっていいだろう。このような世界的な区分の認識論の違いから，国ごと，同一国内の地域の文化差は，心理療法を用いる上で大きな要因となる。このような文化差は，研究者の単なる直観ではなく，丹念にフィールドワークを重ねて国や地域の傾向を調べた研究もあるし，質問紙やインタビューを用いた実証的研究（Nisbett, 2003など）まで多くの研究が発表されている。また，思想研究として西洋思想，東洋思想の比較を哲学的思考によって考察したものもある（小坂, 2008）。

　これらの文献にあたり文化差の知識を得ておくことで，より広範なクライエントに，それぞれの文化（態度，行動パターン，考え方など）に合わせて柔軟なセラピーをすることができるだろう。

▶宗教学

心理療法は人間の根源的な不安やうつ気分などを扱う援助的試みである。そういった人間としての苦しみを掘り下げていくと，命がいつかは尽きるものであるという死の不安，日々の生活や人間関係の中で行き当たる生きることそのものの苦しみにたどり着く。そういった人間の根源的苦しみを救う手立てが宗教であり，それを学問に昇華したものが宗教学であるといえる。心理療法の中では，ユング派やトランスパーソナル心理学が宗教学に親和性があるようである。

やはり，西洋由来の心理療法にはその背景にキリスト教が，東洋（ここでは日本）由来の心理療法には仏教がある。たとえば前者ではクライエント中心療法を創始したロジャースが，若い頃のキリスト教体験をもとに晩年は霊性に言及しているし，フロイトも論文の中に神学を取り入れている。後者では森田療法や内観療法が仏教思想との関連を強く持っている。

心理療法を行う上で宗教や宗教学を学ぶことは必要条件ではないが，深く学ぶことで根源としての死の不安や生きることの苦しみに思いをいたすことができるし，世界のさまざまな宗教を広く知ることで比較文化的な観点に気づくこともできるだろう。筆者は日本人であるので，東洋的宗教の代表である仏教を学んでいるが，なかでも禅仏教に強い関心があり，道元の著作などの禅思想を深く学ぶことで日本人に特有な思考方法を理解することに役立つし，認知行動療法の最新形態であるマインドフルネスの根本的意味を考察することができている。

▶動物行動学

進化論的に見て，人類の原始的形態と機能を持つ生物の行動を研究するのが動物行動学（エソロジー）である。魚類や鳥類といった進化論的に下等な生物では主に本能的行動が見られ，ネズミやネコ，イヌといったより高等な哺乳類ではそれに学習が加味され，チンパンジーなどの類人猿に至ると洞察学習などの高度な知能を呈するようになる。心理療法のうち行動療法は，第1章のⅡで述べたようにその基本は学習心理学であり，もともとはイヌやラット，ハトなどを使った実験心理学的方法を用いた基礎研究である。動物行動学の方法は実験に加えて観察を用いることが多い。動物の行動を自然界や実験環境の中でつ

ぶさに観察し，丹念に記述することで，種に特有な行動パターンや異なる種間の類似性などを探究する。

　動物行動学を学ぶことで，動物の進化形態としての人間の行動パターンを知ることができる。また，方法論としての実験法や観察法を学ぶ（できれば習得する）ことで客観的に（あるいは実証的に）ものごとを見ることや，緻密に行動を把握する訓練となるだろう。

おわりに

　本書は先に出した『統合的観点から見た認知療法の実際——理論・技法・治療関係』，および『統合的方法としての認知療法——実践と研究の展望』（いずれも岩崎学術出版社）の続編としての性質を持つものである。

　筆者は大学，大学院では基礎心理学としての学習心理学を専攻し，卒業論文，修士論文ともにラットを被験体とした嫌悪条件づけがテーマであった。当時は自分で材料を揃えて実験器具を作り，刺激制御装置を操作して刺激プログラムを策定し，測定されたデータを電卓を使って計算し，統計的分析をしたものであった。当時の研究室では臨床の勉強は禁じられていたので，大学院での学修以外の時間を使って外部の先輩を頼り，行動療法の実習を受けていた。大学院修了後は臨床現場に就職し，精神科クリニック，大学病院の心療内科，総合病院の精神科など主に医療領域の臨床経験の中で，順に催眠療法，精神分析療法（ユング派を含む），クライエント中心療法（エンカウンターグループを含む），交流分析，家族療法，ブリーフセラピーを学んで実践し，認知療法に行き着いた。日本で行われているほぼすべての学派の心理療法の学習，実践を行う中で，最終的に認知療法をセラピーの中核とした経験が本書の執筆として実を結んだことになる。

　臨床現場にいると，何よりもまず治療効果を示すこと，それが職場のオーナーや上司に認められるための先決問題となる。より有効な心理療法を学びそれを身につけること，臨床場面で適用しクライエントの症状や問題の消失，軽減が見られ，職場内でもその効果が認識されることが必要となる。ところが心理療法には多くの学派があり，その中の一つの方法を学ぶだけでも多くの時間と努力を要する。一つの学派を徹底して学ぶことでその学派のエキスパートになり，効果を上げていく臨床家もいるだろうが，筆者は関心の赴くままに日本の臨床場面で使われているほとんどすべての学派を学び実践してきた。その結果，その時々の臨床現場で効果を上げるセラピストとして認められてきた（のではないか）と感じている。今は大学・大学院の教員として多くの学派の概念

や方法を教えることができるので，今までの知識を有効に使えている実感がある。

　ところで，臨床心理学を学んで実践するのは心理療法の分野だけではない。医療場面に特化していうと，クライエントの症状や病態水準，パーソナリティを調べるための心理検査，初診のクライエントが診察を受ける前に実施するインテーク面接，精神科以外の他科（内科や外科，小児科など）へのコンサルテーションなどを，臨機応変にこなさなければならない。筆者が臨床活動を始めたころはまだ現在のような体系的な訓練体制はまれで，大学院時代には狭い範囲の学習や訓練しか受けることができず，臨床家のための研修会も限られた学派に偏ることになるし，新しい学習をするたびに多くの本を読み遠くの研修会に出かけ，それこそ時間とお金と足を使ってかけずり回っていた。何よりも当時は臨床心理士の資格すらなく，医療や教育の現場の中で唯一無資格の専門家として肩身の狭い思いをすることがしばしばであった。その後民間資格ではあるが臨床心理士が認定され，今まさに初の国家資格としての公認心理師が誕生したわけである。まったくの無資格だった時代を考えると隔世の感がある。

　しかし，第1回の公認心理師試験を受けた人は気づいたであろうが，試験問題の中に心理療法の設問が含まれる割合は極端に少なかった。医療場面でも教育現場でもチームアプローチが求められる現代の専門性のあり方からすると当然の流れかもしれないが，ここ最近までの臨床心理の世界は心理療法と心理検査が中心であったことからすると誠に残念なことである。もちろんチームでのアプローチは重要であるが，心理査定や心理療法の技量があってこそのチームアプローチであると思う。臨床心理専門家の，まさしく専門性が薄れていく気がしてならない。やはり臨床心理の仕事は，深層心理や外顕的行動や人間性のいずれを対象にするかにかかわらず，まず個人の心理を理解し探求する知識と技能がないことには話にならない。単一の学派の心理療法が軽視されている今，セラピストが得意とする心理療法に，同化的統合の要領でセラピストにもクライエントにも理解しやすい認知の要因を取り入れて，心理療法を使いやすくすることが本書の目的の一つであった。本文にも記述したように，日本の臨床家は表面的には一つの学派を標榜しているが，内実は他学派の技法を取り入れて現場のニーズに即した方法を駆使して日々業務に勤しんでいる。そのよう

な心理臨床家の皆さんにこそ，本書をヒントにして臨床に役立ててほしい。

　本書は心理臨床家以外の専門家にも活用してもらえると考えている。心理療法や精神療法を行っている精神科医，心療内科医，小児科医などの医師，精神科ソーシャルワーカー，看護師，作業療法士などの医療職，学校で教育相談や特別支援教育などを手がける教師や心理相談員，福祉施設での支援業務に携わるカウンセラーや児童指導員，企業や団体で社員，職員のメンタルヘルスに携わる産業カウンセラー，キャリアコンサルタント，司法・矯正領域で支援する被害者支援員や相談員といった専門家が含まれる。また，公認心理師や臨床心理士を目指して研鑽を積んでいる大学院生にも訓練の一環として本書を活用してほしい。

　本書を上梓するにあたり，たくさんの御礼を申し上げたい方々がいる。まず本書の「推薦のことば」の執筆を快くお引き受けくださった大野裕先生（大野研究所）に感謝申し上げたい。大野先生は我が国に認知療法・認知行動療法を導入されたのみならず，今もさらに全国にCBTを普及すべく精力的に活動されている。日本認知療法・認知行動療法学会理事長であり，この業界の第一人者の先生に「推薦のことば」を書いていただける筆者は幸せである。

　筆者の認知療法の恩師である井上和臣先生（内海メンタルクリニック）にもお礼を申し上げたい。先生はこのたび，長年献身的に労力を注いでこられた日本認知療法・認知行動療法学会事務局長を辞されたが，新たにJapan Psychotherapy Week，近畿認知療法・認知行動療法学会などを立ち上げられた。老いてなお前進される師の姿は筆者の目標とするところである。

　現在の勤務地である甲子園大学のスタッフの方々にも感謝を述べたい。現代の大学教員の仕事は，授業の他に学部の運営や入試，オープンキャンパス，広報活動，地域連携などに多忙を極め，土日祝日も容赦なく業務が入る。本書の執筆のような研究活動をするのは夜中か少ない休日の限られた時間しかない。それでも活力を持続できるのは，前心理学部長の安村直己先生，現学部長の酒井律子先生はじめ教員，スタッフの方々の，信頼できモチベーションを高めてくれる存在があってこそである。

　本書は最初，誠信書房編集部の布施谷友美さんに編集をお願いしたが，とかく独断に走りがちな筆者の執筆方針に対して，時流にかなった内容となるよう

的確に軌道修正していただいた。その後を引き継いだ同編集部の小寺美都子さんにも，細かくも温かい助言や支持をいただいて完成に至ることができた。2人の優秀な編集者に恵まれたことを喜びたいとともに，心からの感謝の意を表したい。

　炎暑の夏，一瞬の清涼剤の秋，清冽な冬の連なりに自然への畏敬を感じつつ

東　斉彰

文 献

Allen, J. G., Fonagy, B., Bateman, A. W. (2005) *Mentalizing in Clinical Practice.* Washington, D. C.: Amerikcan Psychiatric Publication. 狩野力八郎監修／上地雄一郎・林創・大澤多美子，他訳（2014）．メンタライジングの理論と臨床：精神分析・愛着理論・発達精神病理学の統合．北大路書房．

Arkowitz, H., Beutler, L. E., Simon, K.（1989）*Comprehensive Handbook of Cognitive Therapy.* New York: Springer.

東　斉彰（2011）統合的観点から見た認知療法の実践—理論，技法，治療関係．岩崎学術出版社．

東　斉彰（2016）認知療法の統合という観点から．認知療法研究，第9巻2号，118-120．

東　斉彰・加藤　敬・前田泰宏編著（2014）統合・折衷的心理療法の 実践—見立て・治療関係・介入と技法．金剛出版．

Bandura, A.(1977)*Social Learning Theory.* New York: Prentice-Holl. 原野広太郎監訳(1979) 社会的学習理論—人間理解と教育の基礎．金子書房．

Barlow, D. H. & Cerny, J. A.（1989）*Psychological Treatment of Panic.* New York: The Guilford Press. 上里一郎監訳（1992）恐慌性障害—その治療の実際．金剛出版．

Beck, A.（1979）*Cognitive Therapy and the Emotional Disorders.* Oxford: International Universities Press. 大野裕訳（1990）認知療法—精神療法の新しい発展．岩崎学術出版社．

Beck, A. T., Rush, A. J., Shaw, B. F., et al.（1979）*Cognitive Therapy for Depression.* New York: The Guilford Press. 坂野雄二監訳（2007）うつ病の認知療法．岩崎学術出版社．

Beck, J.（1995）*Cognitive Therapy: Basic and beyond.* New York: The Guilford Press. 伊藤絵美・神村栄一・藤澤大介訳（2004）認知療法実践ガイド：基礎から応用まで．星和書店．

Bellack, A. S. & Hersen, M.（1985）*Dictionary of Behavior Therapy Techniques.* Oxford: Pregampn Press. 山上敏子監訳（1987）行動療法事典．岩崎学術出版社．

Beutler, L. & Consoli, A.（1992）Systematic eclectic psychotherapy. In: Norcross, J. & Goldfried, M. (Eds). *Handbook of Psychotherapy Integration.* New York: Basic Books, pp.264-299.

Butler, G., Fennel, M., Robson, D. et al.（1991）Comparison of behavior therapy and cognitive-behavior therapy in the treatment of generalized anxiety disorder. *Journal of Consulting and Clinical Psychology,* **59**: 167-175

Cautera, J. R.(1970)Treatment of smoking by coveret desensitization, *Psychological Report,* **26**: 415-420

Chambless, D. L. & Hollon, S. D.（1998）Defining empirically supported therapies. *Journal of Consulting and Clinical Psychology,* **66**: 7-18.

Casement, P.（1985）*On Learning from the Patient.* New York: The Guilford Press. 松木邦裕訳（1991）患者から学ぶ—ウィニコットとビオンの臨床応用．岩崎学術出版社．

Cohen, E. D.（2013）*Theory and Practice of Logic-Based Therapy: Integrating clitical thinking and philosophy into psychotherapy.* Cambridge Scholars Publication.

Cooper, M.（2008）*Essencial Research Findings in Counselling and Psychotherapy: The fact are friendly.* London: Sage Publication. 清水幹夫・末武康広監訳（2012）エビデンスに基づ

くカウンセリング効果の研究：クライエントにとって何が最も役に立つのか．岩崎学術出版社.

Dobson, K. S. (1989) A meta-analysis of efficacy of cognitive therapy for depression. *Journal of Consulting and Clinical Psychology*, **57**: 414-419

Dollard, J. & Miller, N. E. (1950) *Personality and Psychotherapy*. New York: McGrew-Hill.

Fosha, D. (2008) *The Transforming Power of Affect: A model for accelerated change*. New York: Basic Books. 岩壁　茂, 他訳 (2017) 人を育む愛着と感情の力―AEDP による感情変容の理論と実践．福村出版.

Frank, J. D. (1961) *Persuasion and Healing*. Baltimore: Johns Hopkins.

Freeman, A., Pretzer, J., Fleming, B. et al. (1990) *Clinical Applications of Cognitive Therapy*. New York: Prenum Press. 高橋祥友訳 (1993) 認知療法臨床ハンドブック．金剛出版.

Freeman, A.／遊佐安一郎監訳 (1989) 認知療法入門．星和書店.

Freud, S. (1900) 高橋義孝・菊盛英夫訳 (1969) 夢判断（上）（下）．日本教文社.

Freud, S. (1912) Recommendations to physicians practicing psychoanalysis. *The Standard Edition of the Complete Psychological Works. Vol. XII.* New York: Norton. pp.109-120. 小此木啓吾訳 (1983) 分析医に対する分析治療上の注意．フロイト著作集　IX, 人文書院, pp.78-86.

Gabbard, G. (2005) *Psychodynamic Psychiatry in Clinical Practice*. American Psychiatric Association Publishing. 狩野力八郎監訳 (2012) 力動的精神療法―基本テキスト．岩崎学術出版社.

Garfield, S. L. (1957) *Introductory Clinical Psychology*. New York: Macmillan.

Garfield, S. (1980) *Psychotherapy: An eclectic approach*. New York: Wiley. 高橋雅春訳 (1985) 心理療法―統合的アプローチ．ナカニシヤ出版.

Garfield, S. L. & Kurtz, R. (1977) A study of eclectic view. *Journal of Consulting and Clinical Psychology*, **45**: 78-83.

Garner, D. M., Rockert, W., Davis, R. et al. (1993) Comparison of ehavioral-cognitive and supportive-expressive therapy for blimia nelvosa. *American Journal of Psychiatry*, **150**: 37-46.

Gaus, V. L. (2007) *Cognitive-behavioral Therapy for Adult Asperger Syndrome*. New York: The Guilford Press. 伊藤絵美監訳 (2012) 成人アスペルガー症候群の認知行動療法．星和書店.

Gendlin, E. T. (1996) *Focusing-Oriented Psychotherapy: A manual of the experimental meathod*. New York: The Guilford Press. 村瀬孝雄・池見　陽・日笠摩子監訳 (1998/1999) フォーカシング指向心理療法（上）（下）．金剛出版.

Greenbaeg, L. S., Rise, L. N., & Elliot, R. (1993) *Facilitating Emotional Change: The moment-by-moment process*. New York: The Guilford Press. 岩壁　茂訳 (2006) 感情にはたらきかける面接技法―心理療法の統合的アプローチ．誠信書房.

長谷川啓三 (1987) 家族内パラドックス．彩古書房.

畠瀬　稔 (1990) クライエント中心療法．小此木啓吾・成瀬悟策・福島　章編集 (1990) 臨床心理学大系7．心理療法1．金子書房.

Hayse, S. C., Strosahl, K. D. & Wilson, K. G. (2011) *Acceptance and Commitment Therapy, Second Edition: The process and practice of mindful change*. 武藤　崇・三田村仰・大月友監訳 (2014) アクセプタンス＆コミットメント・セラピー（ACT）―マインドフルネスな

変化のためのプロセスと実践 - 第 2 版．星和書店．

平木典子（2010）臨床心理学をまなぶ 4 統合的介入法．東京大学出版会．

池見　陽（2015）中核 3 条件，特に無条件の積極的関心が体験される関係のあり方．In: 飯長喜一郎監修，坂中正義・三國牧子・本山智敬編著（2015）ロジャーズの中核三条件：受容・無条件の積極的関心．創元社，pp.31-42.

井上和臣（1992）認知療法への招待．金芳堂．

井上和臣・久保田耕平（2000）うつ病の再発・再燃防止―認知療法はどれだけ有効か．精神科治療学, 15: 13-20.

乾　吉佑・亀口憲治・東山紘久，他編（2005）心理療法ハンドブック．創元社．

一般財団法人日本心理研修センター（2018）現任者講習会テキスト．金剛出版．

Ivey, A. E.（1978）*Microcounseling: Innovations in interviewing, counseling, psychotherapy and psychoeducation*. Illinois: Charles C Thomas Publisher. 福原真智子，他訳編（1985）マイクロカウンセリング―"学ぶ‐使う‐教える"技法の統合：その理論と実際．川島書店．

Joines, V., & Stewart, I.（2002）*Pesonality Adaptations: A new guide to human understanding*. Nottingham and Chapel Hill: Lifespace Publishing. 白井幸子・繁田千恵監訳（2007）交流分析による人格適応論．誠信書房．

金沢吉展・岩壁　茂（2007）「心理臨床家の職業的発達に関する調査から―（3）」臨床家を志す動機に関する質的分析．日本心理臨床学会第 26 回大会発表

Kernberg, O. F.（1976）*Object Relations Theory and Clinical Psychoanalysis*. New York: Jason Aronson. 前田重治監訳（1983）対象関係論とその臨床．岩崎学術出版社．

Kolenberg, R. J., & Tsai, M.（1991）*Functional Analytic Psychotherapy: Creative intense and curative therapeutic relationship*. Plenum Publishing Corporation. 大河内浩人監訳（2007）機能分析心理療法―徹底的行動療法の果て，精神分析と行動療法の架け橋．金剛出版．

小林隆児・西　研編著（2015）人間科学におけるエビデンスとは何か―現象学と実践をつなぐ．新曜社．

Kubie, I. S.（1932）Relation of the conditioned reflex to psychoanalytic technique. *Achives of Neulorogy and Psychiatry*, **32**: 1137-1142

一般財団法人日本心理研修センター（2018）公認心理師現任者講習テキスト．金剛出版．

小坂国継（2008）西洋の哲学・東洋の思想．講談社

Lambert, M.（1992）Psychotherapy outcome research: Implications for integrative and eclectic therapies. In: Norcross, J., & Goldfried, M. (Eds.) *Handbook of Psychotherapy Integration*. New York: Basic Books, pp.94-129.

Lazarus, A. A.（1989）The practice of Multimodal Therapy. Baltimore: The Johns Hopkins University Press. 高石　昇監訳，東　斉彰・大塚美和子・川島恵美訳（1999）マルチモード・アプローチ―行動療法の展開．二瓶社．

Leahy, R.（2003）*Cognitive Therapy Techniques: A practitioner's guide*. New York: Uilford publications. 伊藤絵美訳（2006）認知療法全技法ガイド．星和書店．

Ledley, D. R., Marx, B. P., Heimberg, R. G.（2005）*Making Cognitive-Behavioral Therapy Work*. New York: The Guilford Press. 井上和臣監訳（2007）認知行動療法を始める人のために．星和書店．

Linehan, M.（1993）*Skills Training Manual for Treating Borderline Personality Disorder*, New York: The Guilford Publicatuin. 小野和哉訳（2007）弁証法的行動療法実践マニュアル―境界性パーソナリティ障害への新しいアプローチ．金剛出版．

前田重治（1985）図説臨床精神分析学．誠信書房．

松見淳子（2007）行動療法，そして認知行動療法．In: 下山晴彦編（2007）認知行動療法—理論から実践的活用まで．金剛出版，pp.20-37.

丸田俊彦（2002）間主観的感性—現代精神分析の最先端．岩崎学術出版社

Mearns, D. & Thorne, B.（1988）*Person-Centred Counselling in Action*. London: Sage Publication. 伊藤義美訳（2000）パーソンセンタード・カウンセリング．ナカニシヤ出版．

Messer, S. B.（1992）A clitical examination of berief structures in integrative and eclectic psychotherapy. In: Norcros, J, C. & Goldfried, M. R. (eds.) *Handbook of Psychotherapy Integration*. New York: Basic Books, pp.130-165.

Miller, S. B., Duncan, B. L. & Hubble, M. A.（1997）*Escape from Babel: Toward a unifying language for psychotherary practisce*. W.W. Norton & Company. 曽我昌祺監訳（2000）心理療法・その基礎なるもの—混迷から抜け出す有効要因．金剛出版．

Nisbett, R. E.（2003）*The Geography of Thought*. New York: The Free Press. 村本由紀子訳（2004）木を見る西洋人 森を見る東洋人．ダイヤモンド社．

岡野憲一郎（1999）新しい精神分析理論—米国における最近の動向と「提供モデル」．岩崎学術出版社．

大野　裕（1990）「うつ」を生かす—うつ病の認知療法．星和書店．

大野　裕（2010）Personal communication.

Pine, F.（1990）*Drive, Ego, Object and Self: A synthesis of clinical work*. New York: Basic Books. 川畑直人監訳（2003）欲動，自我，対象，自己—精神分析理論の臨床的総合．創元社．

Prochaska, J. & DiClemente, C.（1992）The transtheoretucal approach. In: Norcross, J. C. & Goldfreid, M. R. (Eds.) *The Handbook of Psychotherapy Integration*. New York: Basic Books, pp.300-334.

Raabi, P. B.（2001）*Philosofical Counseling: Thepry and practice*. California: Greenwood Publishing Group. 加藤恒夫，他訳（2006）哲学カウンセリング—理論と実践．法政大学出版局．

Rogers, C. R.（1951）*Client-Centered Therapy*. Boston: Houghton-Miffkin Co. 伊東　博訳（1967）ロジャース全集第3巻　パースナリティ理論．（ロージャズ全集8？）岩崎学術出版社．

Rogers, C. R.（1957）The necessary and sufficient conditions of therapeutic personality change. *Juournal of Consulting Psychology*, **21**: 96. 伊藤　博監訳（1966）ロージャズ全集第4巻　サイコセラピィの過程．岩崎学術出版社．

Ryle, A.（2010）Cognitive Analytic Therapy. In kazantzis, N., Reinecke , M.A., and Freeman, A. *Cognitive and Behavioral Theories in Clinical Practice*. New York: The Guilford Press. 小堀　修・沢宮容子・勝倉りえこ・佐藤美奈子訳（2012）臨床実践で導く認知行動療法の10の理論．星和書店，pp299-340.

斉藤清二・岸本寛史（2003）ナラティブ・ベイスト・メディスンの実践．金剛出版．

Seagal, Z. V., Williams, M., Teasdale, J. et al.（2001）*Mindfulness-Based Cognitive Therapy for Depression: A new approach to preventing relapse*. New York: The Guilford Press. 越川房子監訳（2007）マインドフルネス認知療法—うつを予防する新しいアプローチ．北大路書房．

Sherman, R. & Fredman, N.（1997）*Handbook of Structured Techniques in Marriage and Family Therapy*. London: Routledge. 岡堂哲雄・國谷誠朗・平木典子監訳（1990）家族療法

技法ハンドブック．星和書店．

Sheikh, A. A.（2000）*Handbook of Therapeutic Imagery Techniques*. London: Routledge 成瀬悟作訳（2003）イメージ療法ハンドブック．誠信書房．

Stewart, I. & Joines, V.（1987）*TA Today : A new introduction to transactional analysis*. Lifespace Publishing. 深沢道子監訳（1991）TA Today：最新交流分析入門．実務教育出版.

Stricker, G. & Gold, J.（2005）Assimilative psychodynamic psychotherapy. In: Norcros, J. C. & Goldfried, M. R. (Eds.) *Handbook of Psychotherapy Integration*. New York: Oxford University Press, pp.221-240.

杉山尚子（2005）行動分析学入門―ヒトの行動の思いがけない理由．集英社新書.

祐宗省三・春木　豊・小林重雄編（1972）行動療法入門．川島書店.

高石　昇・大谷　彰（2012）現代催眠原論．金剛出版

Teasdale, J. D.（1993）Emotion and two kinds of meaning. *Behavior Research and Thertapy*, **31**: 339-354.

Thoma, N. C. & McKay, D. (Eds.)（2015）*Working with Emotion in Cognitive-Behavioral Thrapy: Technique for clinical practice*. New York: The Guilford Press.

Tolman, E. C.（1932）*Purposive Behavior in Animals and Men*. New York: Appleton-Century-Crofts. 冨田達彦訳（1977）新行動主義心理学―動物と人間における目的的行動．清水弘文堂.

Tyson, P. & Tyson, R. L.（1990）*The Psychoanalytic Theories of Development: An integration*. New Haven: Yale University Press. 馬場禮子監訳（2005）精神分析発達論の統合．岩崎学術出版社.

上地雄一郎（2015）メンタライジング・アプローチ入門―愛着理論を生かす心理療法．北大路書房

Wachtel, P.（1977）*Psychotherapy and Behavior Therapy*. New York: Basic Books.

Wachtel, P.（1997）*Psychoanalysis, Behaviortherapy, and The Relational World*. American Psychological Association. 杉原保史訳（2002）心理療法の統合を求めて―精神分析・行動療法・家族療法．金剛出版.

Wells, A.（2009）*Metacognitive Therapy for Anxiety and Depression*. New York: The Guilford Press. 熊野宏昭，他監訳（2012）メタ認知療法：うつと不安の新しいメタケースフォーミュレーション．日本評論社.

上地雄一郎（2015）メンタライジング・アプローチ入門．北大路書房.

横溝亮一（1983）クライエント中心療法．In: 佐治守夫・飯長喜一郎編著　ロジャーズ　クライエント中心療法―カウンセリングの核心を学ぶ．有斐閣.

Young, J., Klosko, J. & Weishaar, M.（20033）*Schema Therapy: A Practitioner's Guide*. New York: The Guilford Press. 伊藤絵美訳（2008）スキーマ療法―パーソナリティの問題に対する統合的認知行動療法アプローチ．金剛出版.

索　引

編著者紹介

東　斉彰（あずま　なりあき）

1987年　関西学院大学大学院 文学研究科博士・前期課程 修了
大阪心理療法センター・所長，九州大学医学部附属病院心療内科・技官，
一般社団法人住友病院臨床心理科・主任，広島国際大学大学院心理科学
研究科実践臨床心理学専攻・教授を経て，
2016年より甲子園大学心理学部教授
著訳書
　『統合的観点から見た認知療法の実践——理論，技法，治療関係』（著），
　『統合・折衷的心理療法の実践——見立て・治療関係・介入と技法』（編
　著）以上　岩崎学術出版社，『統合的方法としての認知療法——実践と
　研究の展望』（編著），エメリィ著『うつを克服する10のステップ』（共
　監訳）以上　金剛出版，『公認心理師標準テキスト 心理学的支援法』
　（編著）北大路書房，ラザラス著『マルチモード・アプローチ——行動
　療法の展開』（共訳）二瓶社，ほか

心理療法・カウンセリングに生かす認知療法
——総合的認知療法の実際

2020年2月10日　第1刷発行

著　者　東　　斉彰
発 行 者　柴　田　敏　樹
印 刷 者　西　澤　道　祐

発 行 所　株式会社　誠信書房

〒112-0012　東京都文京区大塚3-20-6
電話　03（3946）5666
http://www.seishinshobo.co.jp/

©Nariaki Azuma, 2020　　印刷所／あづま堂印刷　製本所／協栄製本
＜検印省略＞　落丁・乱丁本はお取り替えいたします
ISBN978-4-414-41663-3 C3011　　Printed in Japan

精神療法の饗宴
Japan Psychotherapy Weekへの招待

井上和臣 編著

精神科臨床をそれぞれの立場で牽引してきた
一流の臨床家たちが、学派を超えて語った。
ベテランの経験と知恵から学ぶ、刺激的な1冊。

A5判並製　定価（本体3200円＋税）

事例で学ぶ
認知行動療法

伊藤絵美 著

認知行動療法（CBT）を効果的に行うために
書かれた専門化向けの実践の書。認知行動療
法におけるスタンスや、面接を効果的に進め
るためのツール・技術を事例を通して紹介す
る。大うつ病やパニック障害、摂食障害、対
人恐怖など、解説する範囲が広く個別具体的
に解説される。また、面接場面における会話
例も豊富に収録した。

B5判並製　定価（本体4000円＋税）

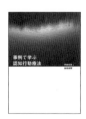